演讲之书

THE PRESENTATION BOOK

How to Create it, Shape it and Deliver it!

三步成就一次好的演讲

第二版
SECOND EDITION

[英] 埃玛·莱登（Emma Ledden） 著
白红岩 译

中信出版集团 | 北京

图书在版编目（CIP）数据

演讲之书：三步成就一次好的演讲：第二版 /
（英）埃玛·莱登著；白红岩译．-- 北京：中信出版社，
2019.12

书名原文：The Presentation Book: How to Create
it, Shape it and Deliver it! (2nd Edition)

ISBN 978-7-5217-0956-8

Ⅰ．①演… Ⅱ．①埃… ②白… Ⅲ．①演讲－语言艺
术 Ⅳ．① H019

中国版本图书馆 CIP 数据核字（2019）第 177453 号

演讲之书——三步成就一次好的演讲（第二版）
著　　者：[英] 埃玛·莱登
译　　者：白红岩
出版发行：中信出版集团股份有限公司
（北京市朝阳区惠新东街甲 4 号富盛大厦 2 座　邮编　100029）
承 印 者：北京通州皇家印刷厂

开　　本：880mm × 1230mm　1/32　　印　　张：6.25　　字　　数：82 千字
版　　次：2019 年 12 月第 1 版　　印　　次：2019 年 12 月第 1 次印刷
京权图字：01-2019-3786　　广告经营许可证：京朝工商广字第 8087 号
书　　号：ISBN 978-7-5217-0956-8
定　　价：38.00 元

推荐语

这本书简明扼要地介绍了演讲的注意事项，内容翔实、信息量大。不仅能教你卓越的演讲技巧，还会告诉你如何准备一场精彩绝伦的演讲。推荐所有职场菜鸟和职场老将人手一本！

——克莱尔·福克斯（Clair Fox）

自由撰稿人

这本书不仅仅面向演讲初学者。书中提供的多种锦囊妙计使听众能够全情投入、意犹未尽。对初学者或专业人士而言，这本书都是不可或缺的。若你喜欢舞台，读过这本书后，你就会在舞台上变得万众瞩目、受人追捧。若你稍显怯场，这本书也会让你胸有成竹、美梦成真——成为一名出色的演讲者。

——弗兰克·哈坦（Frank Hattann）

爱尔兰销售协会数码产品销售咨询委员会成员

毋庸置疑，这本书是此类书中我见过最棒的。我亲自上过埃玛的培训课程，并在不久之后的顾问工作中大获全胜。我可以非常自信地说，她在这一领域首屈一指。《演讲之书》为读者提供了可信、可行、明晰的建议，简单易学、便于应用。从今往后，这本书将是我在演讲和交流方面参考的重要指南。

——罗伯特·弗里泽（Robert Freese）

领先数据公司人才及机构发展部董事

埃玛善于把信息化繁为简，她能很好地照顾听众的感受，将信息清晰明确地传递给对方。本书极好地诠释了埃玛的这一特点。这本书洞见深刻、实操性强，必将鼓励更多人进行影响深远的演讲。

——约翰娜·富勒顿（Johanna Fullerton）

商业心理学家兼塞文职场心理咨询公司董事

献给我挚爱的祖父理查德 · Mc. 马洪（Richard Mc. Mahon），

我对您的爱难以言表，我对您的思念无法衡量。

目　录

第一章

拯救生命的一场演讲

沟通最大的障碍在于人们各说各话，互不自知。

——乔洛·萧伯纳（George Bernand Shaw）

2003 年 1 月 16 日，哥伦比亚号航天飞船从肯尼迪航天中心发射升空。飞船上载有 7 名宇航员。

航天飞船发射 82 秒后，一场事故发生了。

事情是这样的，在发射过程中，飞船的一块碎片撞到了机翼。这类事件被称为“泡沫撞击”。泡沫撞击非常普遍，几乎在所有航天飞船发射期间都会发生。然而，就这次哥伦比亚号航天飞船事件来看，美国国家航空航天局（NASA）的工程师在观看了发射录像回放后认为，这次泡沫撞击不同寻常。工程师担心在发射过程中发生的泡沫撞击比他们以前所见的更大、更快，从而导致了机翼和隔热罩的损坏——此时飞船还在太空中。

问　题

问题在于，美国航空航天局的工程师并不能完全确定飞船受到了破坏，因为泡沫撞击从来没有造成过破坏。他们需要一张用高分辨率的间谍相机拍摄的太空飞船照片，以此来查看机翼是否损坏。

现在要得到一张这种卫星照片的成本极高，并且必须得到美国航空航天局高级管理层的允许。

为什么这次泡沫撞击与过去发生的不一样？这是美国航空航天局管理层需要回答的问题。为了获准得到照片，工程师们根据3份报告准备了一份演示文稿，共有28张幻灯片。

工程师们准备演讲的方法是典型的幻灯片中心型演讲——将幻灯片作为结构化工具和演示辅助工具（见图1-1）。

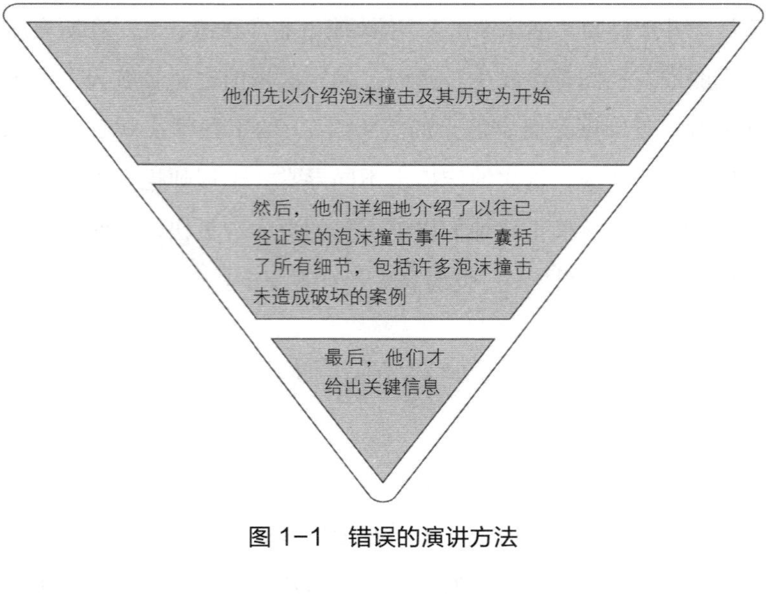

图1-1　错误的演讲方法

这种由某主题的一般信息过渡到详细信息和数据，再过渡到观点总结的方法被称为“演绎推理法”。简单地说，这意味着演讲在最后才提出你的主要论点，而不是由观点展开。

他们的幻灯片同样也是基于这种方法。幻灯片从大范围、笼统、积极的信息逐渐过渡到结论性的较为具体的信息，而在这些信息中他们表达了自身的担忧及顾虑。

幻灯片

图 1-2 就是工程师们向美国航空航天局展示的幻灯片。这可是试图拯救生命的幻灯片啊！

你知道这里面的关键信息是什么吗？

因为工程师们使用的是演绎推理法，并且使用了幻灯片主导型方法来准备这 28 张幻灯片的演讲，所以他们将最重要的信息放在最后一张幻灯片里且用四级标题来表达。

工程师们想要传达的关键信息是：飞行条件明显超过了测试数据库范围（见图 1-3），即这次泡沫撞击事件已超出美国航空航天局过往所见及所测范围之内。

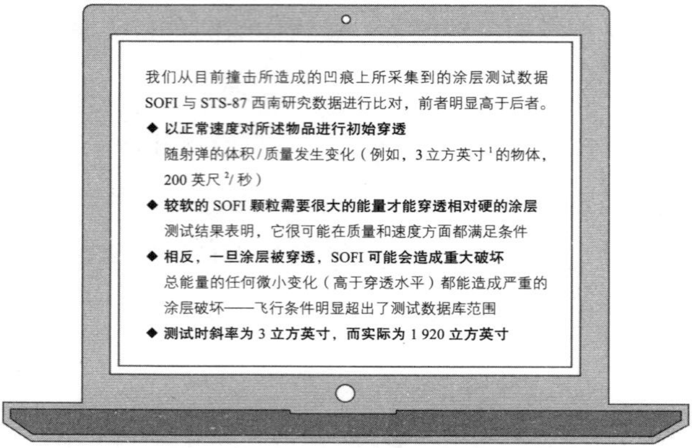

图 1-2 工程师们展示的幻灯片

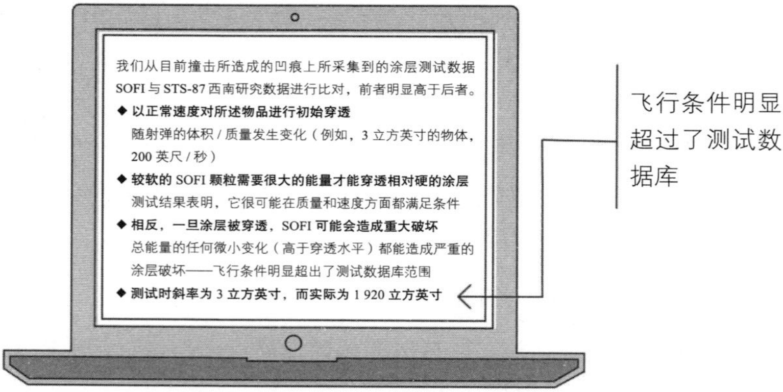

图 1-3 工程师们想要传达的关键信息

1 1 立方英寸≈ 16.387 立方厘米。——编者注

2 1 英尺≈ 30.480 厘米。——编者注

最后的决定

请允许我提醒一下你们，这次演讲的目的是什么。工程师们担心 7 名宇航员在太空中乘坐着一架机翼受损的航天飞船。他们想要一张卫星照片来验证这一点。他们需要得到美国国家航空航天局管理层的允许，从而获得照片。

但他们并没有得到允许。美国航空航天局的相关管理者倾听了工程师的演讲并做出了最后的决定（见图 1-4）：他们认为哥伦比亚号航天飞船是安全的，因此没有必要看照片。

图 1-4　最后的决定

2003 年 2 月 1 日，哥伦比亚号航天飞船返回途中解体，7 名宇航员全部遇难。

航天飞船发射期间发生了泡沫撞击使机翼出现缺口，从而导致飞船解体，这和工程师们一直以来的猜想完全一致。

调　查

在这场骇人听闻的事故发生之后，美国成立了哥伦比亚事故调查委员会（CAIB）来调查这场悲剧发生的原因。

正如你所猜想的一样，事故调查十分详细，多重因素共同导致了这次事故，其中之一是美国航空航天局的文化（这是另一本书要讲的），还有一个便是沟通问题。

具体来说，在工程师准备好并已交给美国航空航天局管理层的 28 张幻灯片中，哥伦比亚事故调查委员会发现了问题。

哥伦比亚事故调查委员会得出的结论是：尽管有大量数据支撑，但关键信息——航天飞船即将面临危险——已完全丢失（见图 1-5）。

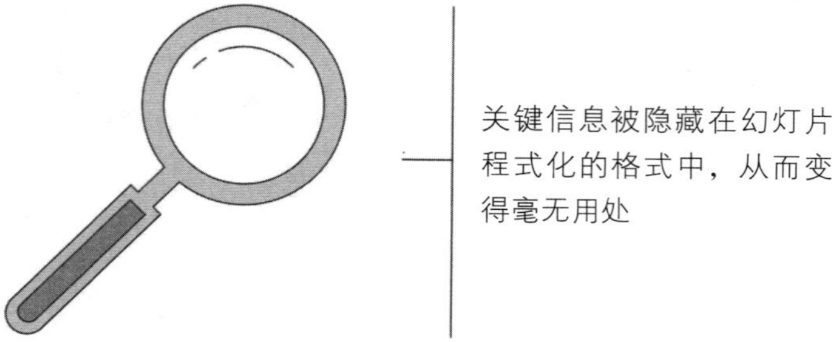

图 1-5　隐藏在幻灯片中的关键信息

他们还批评了将幻灯片作为演讲工具的做法，批评的内容如：

内部沟通的障碍；对清晰的思路和表达产生了阻碍作用；如果能更明确地说出不确定性，那么检查机翼的必要性就会更加突出。

爱德华兹·塔夫特（Edwards Tufte）在其书中引用了哥伦比亚事故调查委员会的总结："这就很容易理解为什么高管层看完了这些幻灯片，却并没有意识到这是生死攸关的大事情。"

结　论

因为演示结构有悖于人们的倾听和参与习惯，因此演讲的重点荡然无存。

工程师展示的演示文稿具有以下特点：

- 内容复杂（本应简洁明了）。
- 仅说明了各种数据（本应传递关键信息）。
- 在阐述不同观点时，堆砌了过多的事实和统计数据（在演示之初，本应只提供关键的细节信息）。

实际上工程师在努力做一件我们都觉得很难的事——简化信息。不仅仅是工程师，其实绝大多数演讲者都面临着一个最大的挑战——化繁为简，使复杂的东西被理解。

今天的大多数商界人士都具有以下特征：

- 得到产品或者技术培训，从而成为专家，但在利用这些知识方面却毫无章法，不能以有影响力、有意义的方式向听众讲述他们做的事。
- 拥有许多资源，做了很多幻灯片，但在选取重要信息方面却不得其法。
- 只是在谈论概念或产品，但无法将这些与听众联系起来，也不能谈论真正的商业问题或商业需求。

本书将改变这一切

如需获取更多有关哥伦比亚事故调查委员会的报告及爱德华兹·塔夫特的发现，请访问：www.edwardtufte.com。

第二章

失败的演讲方式

事物的呈现方式决定了你对待它的方式。

——内维尔·布罗迪（Neville Brody）

当你读到图 2-1 这则消息的时候，又有超过 100 万场使用 PPT 的演讲正在上演。使用其他类型演示软件的人当然也不在少数。

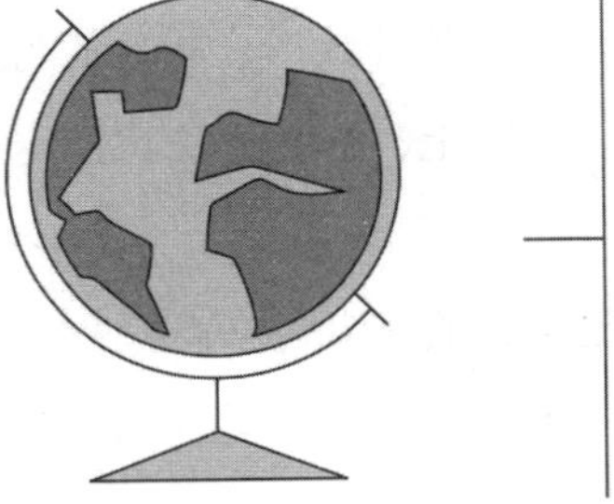

微软公司称，全世界范围内 PPT 幻灯片软件的用户量约为 5 亿，日创演示文稿 3 000 万份

图 2-1 全球演示软件用户量

幻灯片中心型演讲

在筹备阶段，众多演讲者借助幻灯片整理思路。他们希望 PPT 能帮助其搭建演讲框架。我将其称为幻灯片中心型演讲。这

种方式往往遵循以下方法（见图 2-2）：

图 2-2　幻灯片中心型演讲

- 首先制作幻灯片。在准备演讲时，大多数演讲者会首先打开笔记本电脑，在幻灯片上输入各种数据，并且认为这是准备一场演讲的头等要事。实际上，这种方法将注定你无法成为一名优秀的演讲者。
- 讲义和幻灯片如出一辙。通常，演讲者讲义既被用作幻灯片，也被当作讲义。但实际上，讲义、视觉辅助工具（幻灯片）以及笔记三者截然不同，需要分别准备，不可混为一谈。
- 照本宣科。在此种演讲方式中，演讲者把信息都打在了幻灯片上。且为了避免忘词，他们会把所有信息都呈现上去。此外，幻灯片又被他们作为讲义分发，因此他们别无选择，只能照本宣科，被动跟着幻灯片走。

实际上，面对这种类型的演讲，多数观众会感到困惑、沮丧或疲惫不堪。

更让人抓狂的是，这种老套的做法把一场本能让人拍手叫好的演讲变得索然无味，而那些本可以非常吸睛的演讲者也变成了平庸之辈。

在当今社会上，幻灯片中心型演讲早已失去了立足之地，因为当今时代对于我们每个人及我们的演讲有着更高的要求。

实际情况

在如今的商业活动中，人们鲜有时间去准备一场演讲。

这是毋庸置疑的。一通电话打来，有人提前一个小时通知你去出席会议，让你使用别人的幻灯片，有时原作者还不止一人。如此巨大的工作量，你不可能在此基础上再去花时间认真准备。

除此之外，还有人为因素——即使我们有时间，我们也会有所拖延。当我们终于有时间去琢磨一下演讲时，又会变得手足无措，随即开启自我保护模式。对于自身的过度关注，会让我们只考虑自己的安排，从而忘记演讲的目的本应该是与听众交流、说服听众并影响听众。

最后，让人感觉雪上加霜的是，当我们终于克服了种种障碍并开始着手准备时，却发现眼下能帮助我们组织演讲的只有一套老掉牙的方法——我们只会打开笔记本电脑做幻灯片。我们脑中没有任何一种方法或框架可以帮助我们简化信息并使之深入人心；这种方法应该能让我们借鉴以往的经验，从而架构、塑造并润色一场演讲；这种方法应该可以帮助我们用一种有影响力、有意义的方式向听众谈论我们的所作所为，同时可以帮助我们在正确的时间、以正确的方式谈论听众所关心的事情。

除此之外，还有一点十分重要——世界早已旧貌换新颜。如今我们生活在数字时代，我们不仅要做演讲，还要在全球范围内、在虚拟世界里、带着我们的文化内涵做演讲。我们要给不同国家、不同时区的人做演讲，那些人我们或许素未谋面，却要用我们的演讲去吸引他们。

下面是我们演讲时会面临的挑战和各种实际问题，如：演讲者给出的信息量太大，听众的接受能力有限、演讲浪费时间和金钱、带来误解和声誉受损。

只用幻灯片来准备一场演讲的方法早就过时了，甚至是毫无效果的。所以，我想为您提供一种全新的、与众不同的演讲方法。

我曾在 MTV（全球最大音乐电视网）和 BBC（英国广播公司）担任节目主持人，这一方法是我那时学到的专业演讲秘诀。当时，我常需要面向 300 多万人进行演讲，我唯一的目标是让听众融入进来。下面我和各位分享这一方法——听众中心型演讲。

听众中心型演讲

听众中心型演讲是一种非常简单的三步演讲法（见图 2-3）。

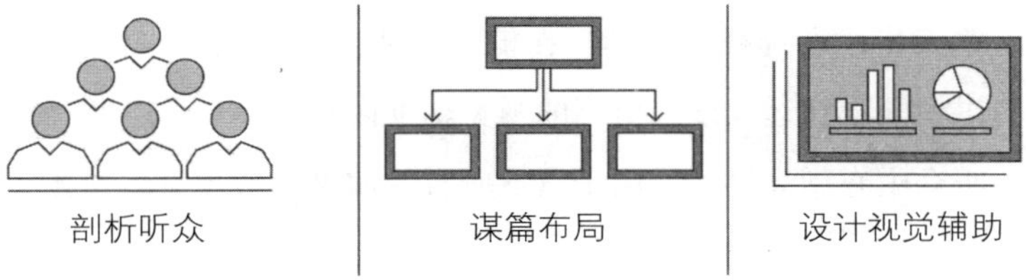

图 2-3　听众中心型演讲

第一步，剖析听众。演讲成功的秘诀在于重视听众的共同需求，在听众的需求上下功夫。这意味着你首先要做的是关掉电脑，了解听众，之后再着手制作幻灯片。

第二步，谋篇布局。这种方法包含我们耳熟能详的听众中心型演讲的准备框架。这种故事叙述式的框架会为演讲者提供一种组织方式，使他们能够无论面向何种听众，都可以高效地准备一场精彩的演讲。利用这一方法，你可以达到以下目的：

- 有先思而后行的机会；
- 有效地整理各种冗杂的数据；
- 使你跳跃的思维能够稍事放松；

- 使演讲的信息有条理；
- 使演讲简洁明了且意味深长；
- 省时、惜金且保誉。

第三步，设计视觉辅助。在梳理完演讲信息之后，你就可以在演讲中匠心独运，设计恰当的视觉辅助内容。

听众中心型演讲可适用于以下所有的演讲类型（见图 2-4）。

图 2-4　听众中心型演讲法的适用类型

日常演讲——小型、非正式的演讲，包括诸如讨论项目进展的组会，或介绍某些研究、策略或灵感的会议。很多时候，该类型的演讲通常都是由团队成员参与的内部会议。

正式演讲——此类演讲是决策者为了项目或商业推广而开展的，往往在公司外部进行，需要大量的前期准备。这种演讲更为举足轻重，因为它可以显示出演讲者是否正确理解了问题所在，是否提出了最佳的解决方案。

主旨演讲——在这类演讲中，你需要面向更广泛的听众群体（比如二十多人）。发言人与听众之间的互动较少。这种演讲结构紧凑，需要仔细谋篇布局。

在深入学习听众中心型演讲之前，我们会在下一章先介绍一些基本知识，探讨是什么成就了一场精彩的演讲。

第二章

要点总结

技能目标：

听众中心型演讲

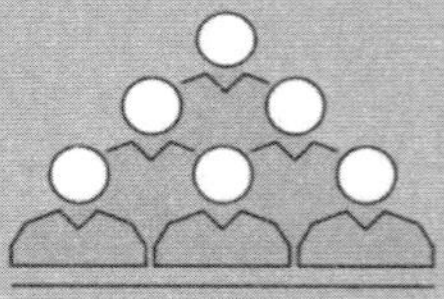

剖析听众

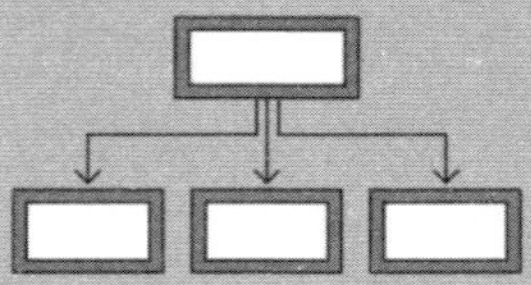

谋篇布局

设计视觉辅助

力图避免：

幻灯片中心型演讲

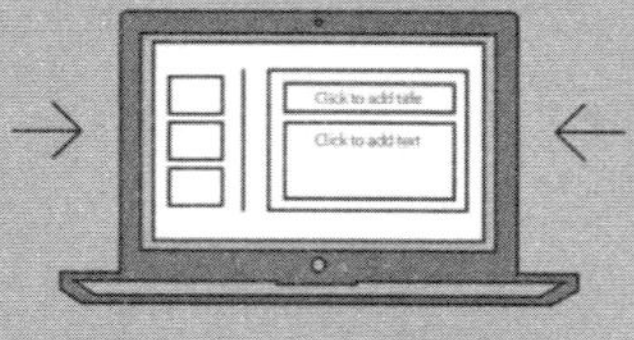

首先制作幻灯片

讲义和幻灯片如出一辙

照本宣科

第三章

演讲入门

既然要说，务必口齿清晰，开口前，确保字字珠玑。

——奥利弗·温德尔·霍姆斯（Oliver Wendell Holmes）

何谓一场精彩的演讲？

置身于这样一场演讲中，你自然会明白，对吗？然而，你却说不清它究竟胜在何处。人们通常认为，一场妙语连珠的演讲取决于演讲者的个性、魅力或风格。仿佛那些才辩无双的演讲者都有令人可望而不可即的品质。

所幸，当我们深入研究一名出色的演讲者如何进行演讲时，就会发现，成就一场精彩演讲的并非是主讲人的魅力与个性。

究竟如何打造一场精彩绝伦的演讲？让我们来一探究竟（见图 3-1）。具体操作如下：

- 立足于听众的所需、所想和所感。一场精彩的演讲要确保听众从一开始就明白演讲所含的内容与其自身息息相关。
- 结构清晰、连贯流畅。确保演讲内容简洁易懂、通俗明了，使听众享受演讲，而不至于迷失在纷繁复杂的数据海洋中。
- 达成演讲目标。这就意味着听众的所思、所感以及所为都

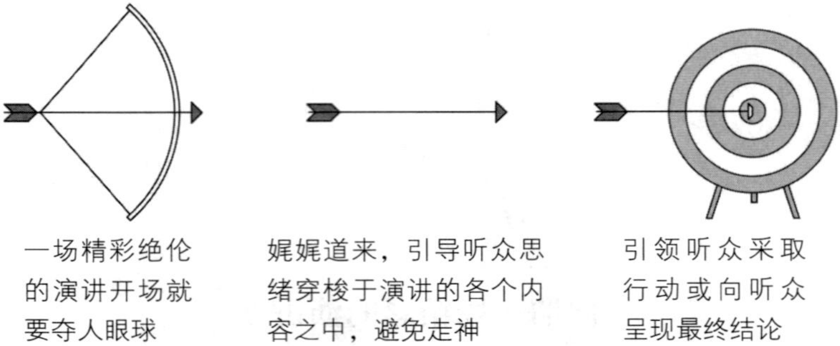

图 3-1　一场精妙绝伦的演讲

在演讲者的预料之中。比如，演讲后，听众明白了某个观点，抑或接受了某种思想。

错误的演讲方式

可惜能称作精妙绝伦的演讲者寥寥无几。大多数演讲者采取的步骤与图 3-2 相似：

在演讲准备阶段，大多数的演讲者未能恰当地考虑听众及其需求，而是凭一己之见从他们认为重要的地方入手，而且把全部信息倾倒而出。可惜，在他们滔滔不绝时，其核心内容早已被堆砌如山的各种信息湮没。

由于演讲缺乏谋篇布局，听众必须尽其所能地挖掘演讲重点，并且要绞尽脑汁地理解扑面而来的各种信息。通常，听众是不愿

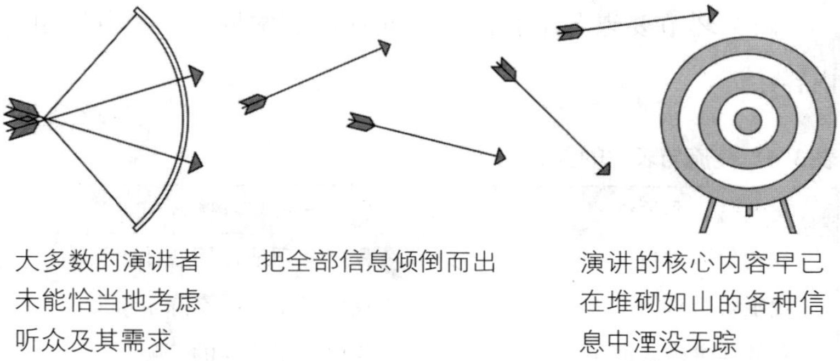

图 3-2 错误的演讲方式

意如此卖力的，甚至有时候听众都开始怀疑自己为何来听这样一场无谓的演讲。

环节汇总

演讲是一种技能，其中包含两方面不同内容，你必须分别加以考虑（见图 3-3）：

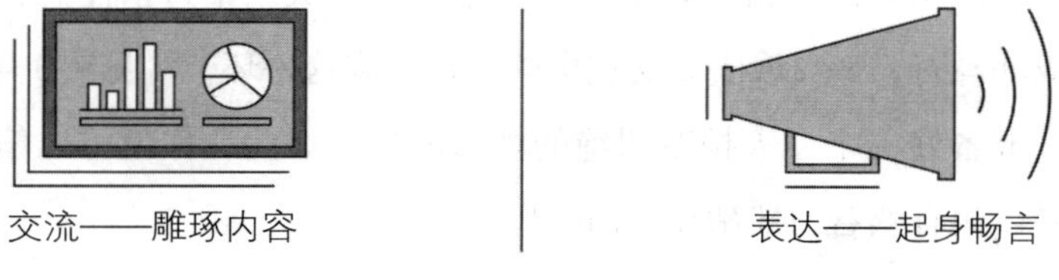

图 3-3 区分交流与表达

两个环节要点各不相同，对此你需要掌握表 3-1 中的相关内容：

表 3-1　交流与表达的要点

✓ **交流**——雕琢内容	✓ **表达**——起身畅言
○ 我清楚演讲目的	○ 我能合理地运用肢体语言
○ 我了解听众需求	○ 我已将干扰因素降至最低
○ 我的演讲内容明了	○ 我设计了恰当的停顿
○ 我已梳理好演讲内容	○ 我有针对紧张情绪的应对方案
○ 我的开场白及结束语铿锵有力	○ 我能恰当地运用提示
○ 我在演讲中运用了举例、类比以及叙事技巧	
○ 我使用的语言简单易懂	
○ 我设计了恰当的视觉辅助	
○ 我至少放声排练了 3 次	
○ 对于听众提问，我有所准备	

一场精彩的演讲由以上诸多要素结合而成。不过请注意，演讲成功与否，90% 取决于交流中的雕琢内容这一环节（见图 3-4）。

准备好一个令人拍案叫绝的精彩故事，如此，你就可以信心满满、颇有感召力地站在台前畅所欲言。

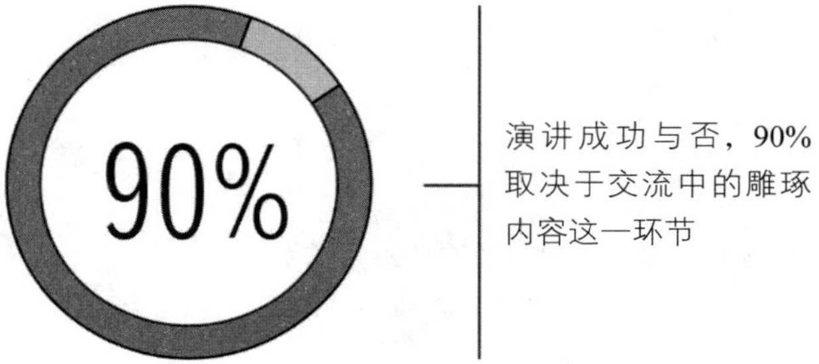

图 3-4　演讲成功的关键要素

你的演讲水平如何？

你的演讲水平如何？

为了明确你现在的演讲水平，请在如下 1~10 档中给自己打分：

1 分、2 分……10 分

假设：

10 分表示：我是一个出色的演讲者。

1 分表示：我讨厌演讲，在这方面我很不擅长。

得分所对应的信息如下：

1~4分

非常紧张，没有技巧

得分偏低的演讲者通常经验很少，甚至没有经验。所以提到演讲，他们如临大敌。加之对演讲不甚了解，他们就会表现得底气不足或能力不够

5~7分

自信可嘉但技巧不足

接受培训的大多数人，特别是商界人士，都属于这一类。他们确有实战经验，也是人们所说的健谈型或外向型人群

如果你的分数在这一档，值得高兴的是，你不需要再费功夫克服心理障碍了，因为演讲时你会得心应手，甚至会享受其中。然而此时，你仍有可能缺乏一种能力：创建对听众有吸引力、有影响力、有意义的信息

你可能有20年的演讲经验，但演讲水平却始终止步不前。世界上遍地是健谈的演讲者，他们在各地的会议室中高谈阔论，他们演讲的内容纷繁复杂，却从没有明确地传达过信息

8~10 分

自信满满且精于演讲

若分数在这一档，那么你已经掌握相应的演讲技巧（当然你仍会感到紧张，而这也十分重要），同时你也能做到雕琢、提炼重要信息，达成预期目标。那么，此时你应重点关注如何借助演讲鼓舞人心或指引他人

如何判定我们的演讲处于哪种水平？

你的个人感受并不能代表你的实际能力，我们需要深入研究演讲技能的各个方面，并据此客观衡量自身状况，同时要从听众的角度评价自己。

成为演讲的引领者

想要演讲大获全胜，唯一的方法就是在演讲中自始至终地引领听众。

要做到这一点，首先你需要把注意力从自身移开，将听众置于首位，听众应当是房间里最重要的人。

其次，务必注意措辞及演讲内容，让听众认可你所说的内容，

这样你的演讲才会令人信服、有理有据。否则，你就只是在机械地照本宣科。

不过很遗憾，很多人在演讲时都会底气不足，无法掌控现场。究其原因，他们过于关注当众演讲时所产生的紧张情绪。我们在被他人评头论足时都会不自在，都害怕在演讲时让自己难堪或犯傻，这是人之常情。正是由于这种真实的恐惧感，这些人无法成为演讲的主宰者，而只求演讲赶紧结束。所以他们会把事先准备好的幻灯片当作演讲重点。这些人在演讲时慌忙起身发言，匆匆播放幻灯片，照本宣科、草草了事，演讲结束后他们赶紧坐下来，长舒一口气。

最终，他们以一种“自救式”的模式完成了整场演讲。问题在于，这种演讲模式中的演讲者只是站起来发表了演讲，顺利完成了任务，但并未把听众置于首位，没有为听众营造一种良好的体验并使之参与其中。

结　语

我时常会听到别人向我讲述他们演讲时的“翻车”事故，演讲现场惨不忍睹。最糟糕的情况就是现场鸦雀无声，一片死寂，而演讲者的头脑一片空白，不知所措。想到这种场景，人人都会不寒而栗。

这种经历会给人造成巨大创伤，有时候会让人们不惜一切代价地逃避演讲。因为他们无法承受又一次在众目睽睽之下的失败和羞辱。

如果你也有过类似经历，那么我想请你回顾一下这惨不忍睹的经历，想想到底是哪里出了问题。

- 在最后时刻被告知要演讲，事先没有接到任何通知？
- 你是否准备欠妥，意识到这一点时却为时已晚？
- 你是否直到最后才发现听众不是你原本预想的那些人，但为时已晚，或者你的演讲内容与他们毫不相干？
- 是否出现了设备故障，在没有幻灯片辅助的情况下你的演讲寸步难行？
- 你是否打好了腹稿，但临场时却哑口无言？
- 哪些负面情绪（紧张情绪）占了上风，让你因恐惧而呆若木鸡？

任何人在这些情况下都会失败，因为当他们发现情况不妙时就无力回天了。事先规划、准备充分就可以避免上述情况的发生。况且偶尔一次的失败经历也代表不了什么。

我想让你铭记糟糕的经历，并从中吸取教训。其关键在于你学到了什么？

在后续的章节中，我会介绍一种方法及演讲框架，使你在演讲时能够有章可循、万无一失，从而让你自信满满，为你成为一名杰出的演讲家打下坚实的基础！

第三章

要点总结

技能目标：

正确的演讲方式：

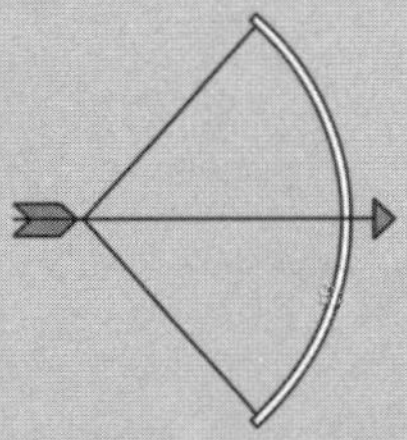

一场精彩绝伦的演讲开场就要夺人眼球

娓娓道来，引导听众思绪穿梭于演讲的内容之中，避免走神

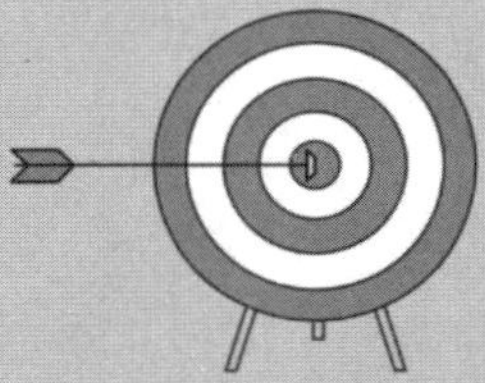

引领听众采取行动或向听众呈现最终结论

力图避免：

错误的演讲方式：

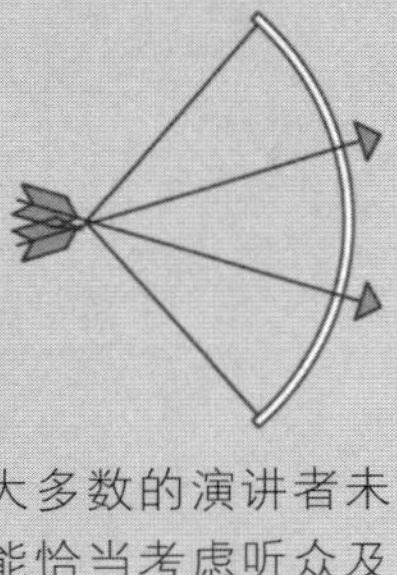

大多数的演讲者未能恰当考虑听众及其需求

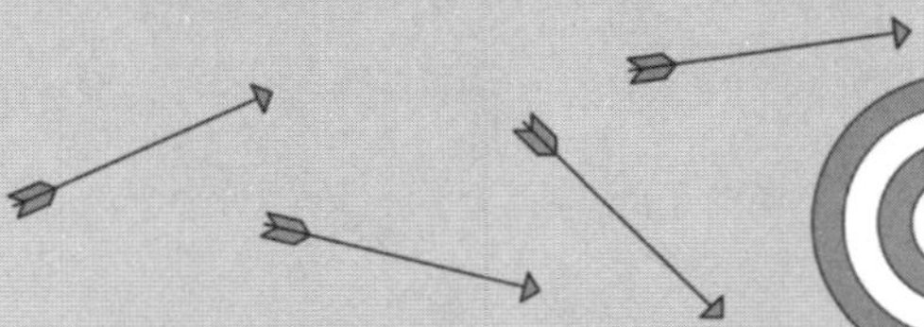

把全部信息倾倒而出

演讲的核心内容早已在堆砌如山的各种信息中湮没无踪

第四章

听众中心型演讲的六大黄金法则

所谓简化，即弃除冗余，紧扼要点。

——汉斯·霍夫曼（Hans Hofmann）

听众中心型演讲的六大黄金法则包括：始于明确的目标，切勿主观臆断听众会对演讲兴趣盎然，吸引听众，由结论入手，多用第二人称，理顺主体逻辑。

法则 1：始于明确的目标

要想成为一名成功的演讲者，你必须确保从头到尾所说的每一个字都与在座的听众相关。

要保证这一点，你的不二之选就是在着手准备前先回答一个简单的问题：我演讲的目标是什么？只有确定演讲的目标，才能确保你的内容字字珠玑、清晰简洁且目的性强。

在准备阶段，出色的演讲者往往会推敲需要保留或去除哪些信息，他们深知“过犹不及”这个道理。事实上，有研究表明，你提供的选择越多，听众就越不可能付诸行动。当面临太多的选择时，人们会举棋不定。作为一名演讲者，你的目标是给听众以支持，赋予他们力量，而不是让他们茫然无措。不论你的想法多强烈，都不要就某一话题毫不保留、和盘托出。

在准备阶段，你还需要明确自己要说什么和不说什么。在准备和排练时，不断地问自己两个问题：我为什么要提到这一点？和我讲这一点的目的是什么？设想一下当你说完时，听众会提出疑问：然后呢？

明确演讲的目的会帮助你对如下情况做出决定：是否要和听众互动——如需要，你该怎么做；是否要在演讲中加入角色扮演、幻灯片或者亲身示范——如果是，你会怎么做？

演讲者是否出色并不在于他所说的内容，而在于他决定哪些内容不说。明确演讲的目标有助于你决定保留哪些信息，删减哪些信息。这就是一场精彩演讲的第一步。

法则 2：切勿主观臆断听众会对演讲兴趣盎然

在演讲前，听众会思考两个问题："这次演讲会持续多久？"和"哪些信息和我有关？（见图 4-1）"

在演讲的开头，所有听众真正想知道的是：我为什么要听这个演讲？研究表明，只有具备充分的动机时，听众才会参与其中，认真倾听（见图 4-2）。

图 4-1 哪些信息和我有关？

图 4-2 听众参与的三大原因

- 他们是否真的对你所讲的内容感兴趣。
- 他们是否可以从你所讲的内容中获益。
- 他们是否害怕不听你所讲的内容会产生的消极后果。

很多演讲者会产生一种严重的错误观念，即他们会主观臆断听众对他们的演讲十分感兴趣（见图 4-3）。实际上，听众也许会对你的演讲十分感兴趣并认真聆听，但也许并不会——也许他们会紧跟你的每一句话，但也有可能听几句扭头就走。你真的拿不准听众的兴趣所在。所以，出色的演讲者不会把选择的机会交到听众手里。

图 4-3　切勿主观臆断听众会对演讲感兴趣

为了确保听众的参与，你需要告诉他们为什么应该听你的演讲，也就是要引导他们去倾听。

那么你该如何去引导听众呢？你只需要告诉听众，你所说的信息对他们是有价值的。你要告诉他们参与的益处，或者不听会付出的代价。

要想在演讲上取得进步，就不要主观臆断听众会对演讲感兴趣。在准备每一次演讲时，你都需要给听众一个值得听的理由。

最后一点，一些演讲者告诉我，因为他们的演讲没有什么价值，听众没什么特别的理由来参与。对于这种情况，我的建议是：如果你的演讲言之无物的话，请停止讲话，坐下即可。

法则 3：吸引听众

法则 2 中指出，我们不要主观臆断听众会对演讲感兴趣，而是要提供给观众一个值得听的理由，即参与的益处，或者不听会付出的代价。那我们应该什么时候去讲这个理由呢？

电视遥控换台测试

设想一下看电视的场景，你正坐在沙发上不停地换台。你换到一个新的频道，然后问自己下面的问题（见图 4-4）。

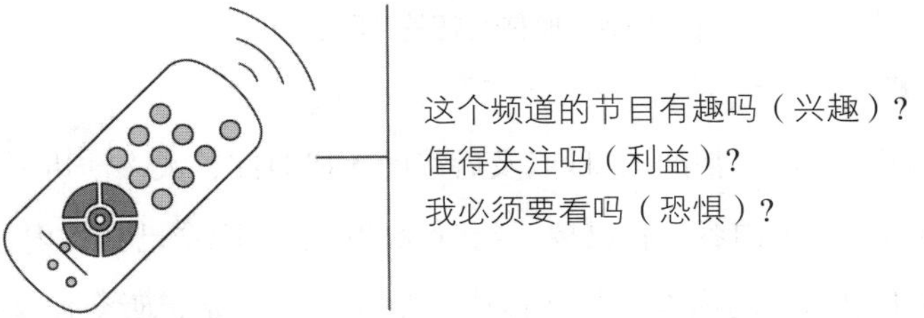

图 4-4　换台测试

我们观看演讲的方式和看电视是一样的，会在极短的时间内判断其是否有价值，如果没有，就会关掉电视或者换到另一个频道。

听众会在很短的时间内决定是否去听你的演讲，对此你或许不会感到惊讶。

只需 45 秒，听众就能决定你的演讲是否有用，或者他们是否有必要去听（见图 4-5）。

图 4-5　抓住起初的 45 秒！

然而，演讲起初的 45 秒以及后续的大段时间，大多演讲者都在告诉听众 3 项内容：自己要讲给听众的内容；听众已知的内容；听众并不想知道的内容。从而造成了从演讲一开始，听众便会毫不犹豫地走开。

正确的开始是成功的一半

要想成为一名成功的演讲者，你一定要直截了当、开门见山。你还要启发听众、吸引听众，让他们知道这个演讲值得一听。当轮到你发言时，首先要设法引导听众，让听众立刻明白，你的这场演讲的益处，以及他们若是错过会产生的遗憾。

诱导方式包括：提出问题、讲述故事、引用名言、插入图像、播放视频、统计数字、令人吃惊的声明、讲述个人逸事或经历、提供专家意见或证明、添加音效、展示实物、论据证明或成功故事。

下面是一些范例，以供参考：

> 可悲的是，在接下来我们的 18 分钟里，却会有 4 个美国人因为所吃的食物而死去。
>
> ——杰米·奥利弗（Jamie Oliver）的 TED（一个致力于传播创意的非营利组织）的演说
>
> 我并非想吓唬在座的各位，但是我发现坐在你右边的那个人是个骗子，（众人笑）坐在你左边的人也是个骗子，坐在你的位置上的那个人还是个骗子。可以说，我们都是骗子。今天我要讲的内容就是，我们为什么是骗子，如何识别谎言，以及我们为什么要大费周折地从识别谎言走向寻求真相并最终建立信任。
>
> ——帕梅拉·迈耶（Pamela Meyer）《破解谎言》
>
> 想象一个大爆炸，当你在 3 000 多尺的高空，机舱内布满黑烟。想象一下，引擎不停地发出咔嗒、咔嗒、咔嗒的响声，这声响听

起来很可怕。那天我的座位很特别，我坐在 1D。

——瑞克·伊莱亚斯（Ric Ellas），《坠机让我学到的 3 件事》

20 世纪发生了很多变革，但没有一个比“寿命变革”意义更为深远。我们现如今的平均寿命比我们的曾祖父母辈多了 34 年。想想看：这是在原先寿命的基础上又加上了整整一个成年期的时间。

——简·方达（Jane Fonda），TED 演讲《生命的第 3 幕》

友情提示

吸引听众的方式有很多，有操作极为简单的，也有较为夸张的。用吸引人且十分有效的方式吸引听众，让他们在演讲一开始就参与其中，这会带给你无穷的乐趣。不过，说到这里，我得给你一些提示。

如今，很多演讲者都会播放一些视频或讲述几个故事，但内容却和演讲的主题毫无关系，也并没有告知听众他们为何要听这样一场演讲。他们认为新奇的东西可以抓人眼球，然而事实并非如此。你的话语必须内外兼顾——既要有特色，又要有内容。

插入一些很有意思或出人意料的事情，可能会吸引听众几秒钟。可最后你还是要面对一屋子的人，他们满心疑问：为什么我要听这场演讲？

诱导的目的是，在演讲开始的 45 秒内让听众明白你这场演讲对他们的价值。一定要确保你选择的方式能够达到这一要求（见图 4-6）。

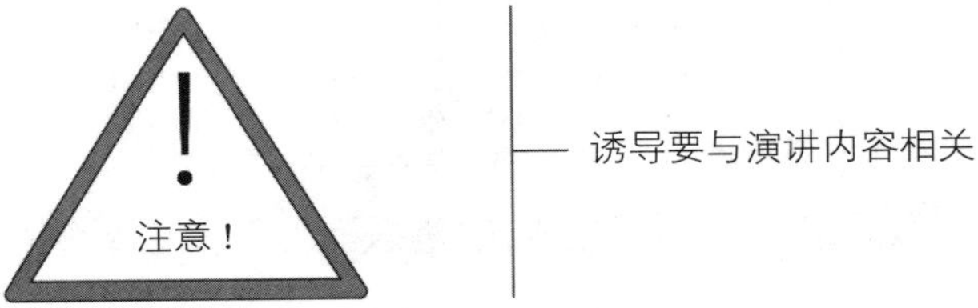

图 4-6　友情提示

且慢，如果是介绍演讲流程可以吗？

在常见的幻灯片中心型演讲中，我们会在第一张介绍演讲框架。在这张幻灯片上，我们详细列出了将要依次讨论的内容，以及其确切的时长（见图 4-7）。

但议程表这种操作是否有效果呢？下面就是我的回答。

想象你打开了车载电台，换到了最喜欢的音乐节目，主持人正在介绍接下来一个小时的具体内容（见图 4-8）。

听到这里，你换不换台？电台主持人绝不会这样置收听率于不顾的（见图 4-9）。

图 4-7　演讲框架

具体内容如下：

02:01 新闻播报

02:06 广告时间

02:09 体育节目

02:11 听众来电环节

02:12 流行歌曲放送

02:15 情歌放送

02:16 广告时间

图 4-8　车载电台节目单

图 4-9　电台播报

举个例子：

“接下来的一个小时，我们将会播出神秘之音，如果你在规定时间内猜对了答案，将赢得 5 000 欧元。这里将重播昨晚的榜首音乐以及最新的名人八卦，精彩不容错过。”

在一个以听众为中心的演讲中，吸引听众是必不可少的。

听众中心型议程表

首先，议程表与诱导不同。合理的诱导方式能给听众充分的理由去听你的演讲，它明确了你所讲内容的价值。而议程表只是单纯地罗列了演讲中所谈及的内容，听众或许可以从中推测出演讲的价值，但也未必如此。

传统幻灯片的议程表问题在于：演讲者把整篇念下来——冗长又乏味，这反而给听众选择不听某些内容的机会。让听众了解演讲的内容，这的确没错，但是你需要巧妙地进行介绍，也就是采用听众中心型的演讲方法。

在演讲伊始，你成功地吸引到听众注意后，若想让他们了解接下来的内容，不要直接将你要讲的内容和盘托出。你可以做一个内容概述来吊足听众的胃口，或者讲一讲他们能从这场演讲中收获些什么，例如：

今天的内容是：

谈谈在座的各位及你们的需求；

讲讲如何解决你的问题；

分享一些现实生活中的例子。

你永远没有第二次机会给人留下第一印象

演讲开头的重要性毋庸赘言。你的开头越吸引人，观众的注意力就会越持久。让别人听你讲话确实不容易，但如果能让听众真正理解你所讲信息的价值，以及这些信息为他们带来的改变，那么得到听众注意力便是手到擒来的事。

在演讲的开始，你不用非得准备一些非常规的表演（如戏法或笑话）来吸引眼球。很多演讲者在开头就演砸了，导致其整场演讲都找不回状态。

你要做的很简单，只需回答听众一个问题：为什么我要听你的演讲？

法则 4：由结论入手

常见的演讲结构通常可以归于以下 3 类，即探秘式演讲，迷宫式演讲和背景介绍式演讲。

探秘式演讲

探秘之旅的思路在于，向导明确地知道目的地，而观众却没有任何头绪。如果这个思路用在团建日的活动里，那可能会十分有趣，但在演讲中，听众并不喜欢这种方式。他们没有耐心一直等到最精彩的部分，也就是说，直到最后听众才能听到所需的信息，或者才明白这场演讲的意义。

迷宫式演讲

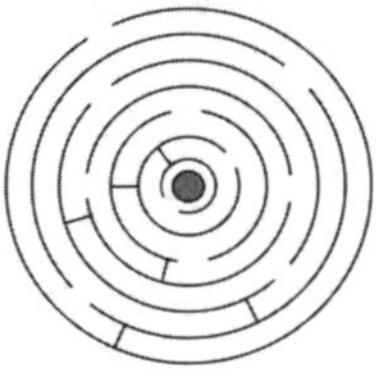

在这种模式下，听众并不知道整场演讲的走向。演讲者似乎也是迷迷糊糊的，在起身发言前，他们以为自己脑中构想出了一条通路，然而讲着讲着，会发现那条通路变成了一团乱麻："不对，请稍等下。不对，不是那样，不好意思，我好像弄混了。稍等……不如试试这么讲……呃，也不是。各位有什么疑问吗？"

◢ 背景介绍式演讲

最近我参加了一个关于本年度预算的演讲，演讲者花了一大半的时间讲 2007 年的预算，我听得十分困惑。后来我就问她，为什么要花这么长时间讲 2007 年的数据。她说想交代清楚背景。然而，听众并不想知道导致最终结论的那些背景细节。他们坐在那里就在想："你说这个干吗？"他们想要的是结论，是解决方法，是所提问题的答案，马上就要。只有你讲出这些后，才能去交代背景，前后呼应，或者给出你个人的观点。

前后颠倒的演讲结构

大多数人在组织结构时，都使用所谓的演绎推理法。第一章中提到哥伦比亚号太空飞船的故事，正是这种结构的实际应用。演绎推理法，是从一般性的介绍推进到更具体的结论。简而言之，就是一步步升华到核心要点，而非开篇即重点。

之所以选择这种方法，主要是因为演讲者希望在得出结论之前，能获得听众的认可和信任。传统的演讲以幻灯片为重点，从而极大地强化了这种方法的应用（见图 4-10）。

演绎推理法具有以下特征：

- 以总体概述、背景回顾或者介绍自我情况和公司概况为开头。

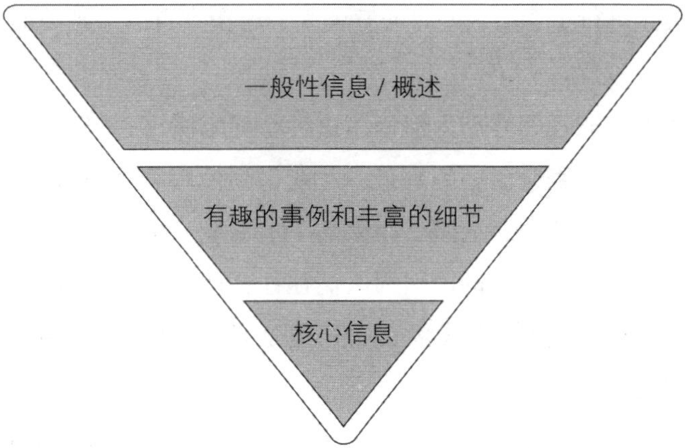

图 4-10　前后颠倒的演讲结构

- 对话题进行详细的讨论，尽量涵盖涉及的全部领域。
- 在演讲的结尾，切换至执行大纲或最后一张幻灯片，展示最为核心的信息。

为了演讲逻辑清晰，利用这一方法来构架演讲结构是很合理的。但你要注意，这一结构本身存在着巨大的漏洞。

这种沟通模式是经过一步步铺垫进而升华到核心要点的，而非一开始就提出重点，引领全篇。它是基于一种假设，即听众会听完你先前所有的铺垫，直到提出关键信息。在这个结构中，你并没有给听众一个充分的理由来吸引他们参与其中，你只是单纯地对信息进行了探讨，并且心存侥幸，希望当自己讲到关键点时，听众还未离开。

我确实能理解你们为何使用这种结构来演讲，但你必须问问自己，听众是否会耐心等到最后才能得到他们需要的内容。而若换作是你，会等那么久吗？如果是一本书或一份书面文件，采取这种方法也许是可行的，因为人们往往会选择在闲暇时阅读，可以自由地跳读或者精读某些部分。但是对于一场演讲来说，这种方法则是不妥的。

这里提供给你一个好办法，通过简单的一步来转变演讲的结构——把现有的结构进行整体翻转，变为“金字塔”形演讲结构（见图 4-11）。

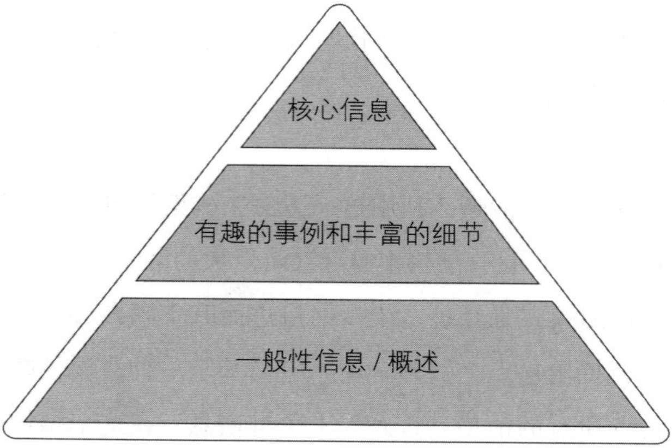

图 4-11 “金字塔”形演讲结构

“金字塔”形演讲结构

前文已经讲过，演讲的开头一定要用最切题、最吸引人、最鲜明显眼的内容，并以饱满的自信，提出你演讲的要点，从而引领后续的演讲。

接下来的演讲，都要围绕开始所谈的要点来构建你的故事，增强整体的可信度。这就是所谓的归纳推理法，即从一个具体要点的开场，推及更为概述性的相关材料，从而证明你的观点。

这种结构好在何处

- 这种结构提供了充分的理由来吸引听众。你能在演讲一开始就列出听众能从中获得哪些帮助，或者不听会付出的代价。
- 允许重复。你可以反复提及先前的诱导内容，进而让听众保持清醒，你要明白为什么你讲的内容或提出的新观点与他们是相关的。
- 紧抓听众的注意力。你在开头陈述完核心要点之后，就可以用它贯穿后续的演讲，进而体现后文所涉及的每一个点是如何关联、支撑这个核心的。接下来的法则 5 会讲解这一步的具体操作。

法则 5：多用第二人称

恰如其分的开头对演讲的成功与否至关重要，但只做好开头还远远不够。

一旦具备正确的结构，就能用最有力的观点主导整个演讲，并在前 45 秒提出最充分的理由以吸引观众。但是，在接下来的演讲中，你必须保证观众始终关注你的演讲并投入其中。自始至终你都要维系好自己与听众在先前构建的联系。

维系与听众的联系

在演讲的过程中，保持听众参与度的最佳方法是有意地、积极地、持续地将相关实例和数据与听众的需求联系起来，并确保听众明白你所提出的每一个要点为什么是与他们相关的（见图 4-12）。

在演讲的过程中，你需要谈论与在座的听众有关的内容、他们的实际情况，以及你的公司或你提出的概念对他们的价值所在。

伟大的演讲往往有一个秘诀，那就是即使你说的是自己，听众也会以为与他们息息相关。认真揣摩一下这句话。

那到底该如何维系与听众的联系呢？用一个简单的字——你。

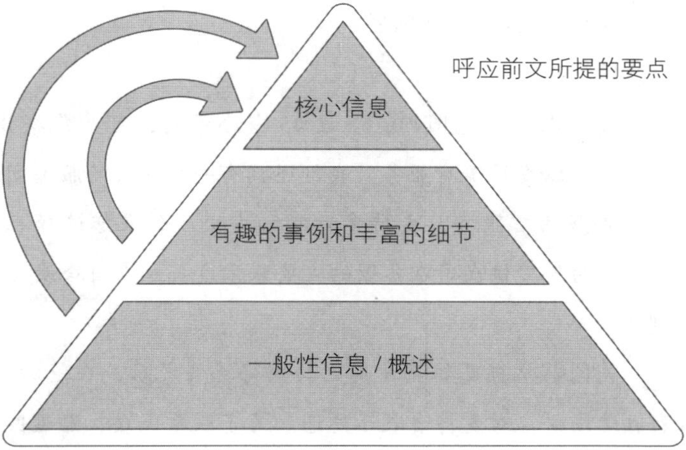

图 4-12　呼应前文

科学证明

耶鲁大学的研究人员已列出人类语言中最具力量的 12 个字，这些字能够吸引注意力和干预情绪。位于榜首的就是“你”这个字。

“你”是演讲中最有力的一个字。这个字就是一种能够将你所用到的数据联系到听众自身并让他们明白其重要性的手段。

下面的两个例子能表明“你”产生的巨大作用。

例 1：

修改前：

我们在全球范围内，下设 45 个办事处，共计 10 000 名工作人员。

观众会问："所以呢？"

修改后：

我们在全球范围内，下设45个办事处，可为您提供融资服务，以发展现有业务。我们还拥有一支庞大的服务团队，可提供多语言服务，支持多种联络方式。如果您选择我司，我们会为您提供我司在各国的主要联系方式，以便洽谈。

例2：

美国前总统巴拉克·奥巴马获得连任之后，在芝加哥发表胜选演讲，对支持者表示感谢。为了联系民众、贴近民众，他在讲话中多次用到了"你"。

"200多年前，当年的殖民地赢得自主权；而今夜，国家前进的任务又向前推进了一步。

"国家的前进归功于你们，是因为你们不断地践行那种帮助美国克服了战争和萧条的精神。这种精神将我们的国家拖出绝望的深渊，推向希望的彼岸。我们始终相信：每一个人都可以追求自己的梦想，美国是一个大家庭，我们始终都团结一心、共同进退。

"今夜，在这场选举中，你们——美国的民众——提醒着我们：尽管我们的道路漫长而艰巨，但我们已经重塑信心，奋力反击。我们心中深知，最好的美国将要来临。

"我要感谢每一位参与选举的美国民众。不管你是第一时间就投了票，还是等待了很久（当然，我们要解决这个排队投票的问题）；不管你在投票点现场投票，还是采用电话投票；不管你是投给了我，还是罗姆尼；我们听到了你的声音，看到了你为国家的改变而做出的努力。”

法则6：理顺主体逻辑

演讲的成功与否取决于你对信息的整合是否有助于听众更好地认知。这正是你展示真正演讲技巧的地方。

言语与思维以合理的逻辑融合，就会迸发出巨大的能量。

一个好的演讲是由开头、清晰的主体和结尾构成的，而主体绝不能逻辑混乱（见图4-13）。

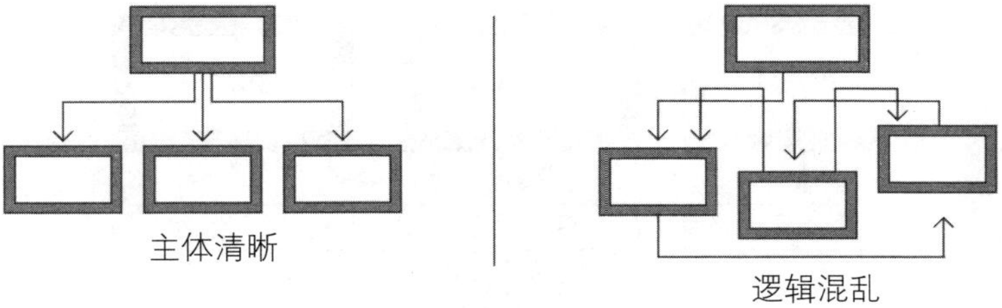

图4-13　主体清晰和逻辑混乱

避免逻辑混乱的方法是合理构架你的数据，把它们分成清晰明了的3组信息，因为听众很难记住3组以上的信息。

三段论

三段论在演讲、写作和音乐创作上应用十分普遍，以三段论形式表述的概念和思想更富趣味，更能使人陶醉，也更令人难忘。

好的故事总是有三个部分：开头、主体和结尾。

很多广为流传的故事都用到了三这个数字：三只小猪、三个火枪手以及东方三贤士。

当然许多广告和政治口号也都用到了三段论的结构："生活、自由、追求幸福""性、毒品、摇滚乐""工作、休息、娱乐"。

千万不要在你的演讲中过度填充观点和信息。

三个核心信息要采用不同的方式来阐述，通过重申和强调让听众理解并记住你的信息，更重要的是能够确保你的演讲主体清晰。我称其为 3×3 结构（见图 4-14）。

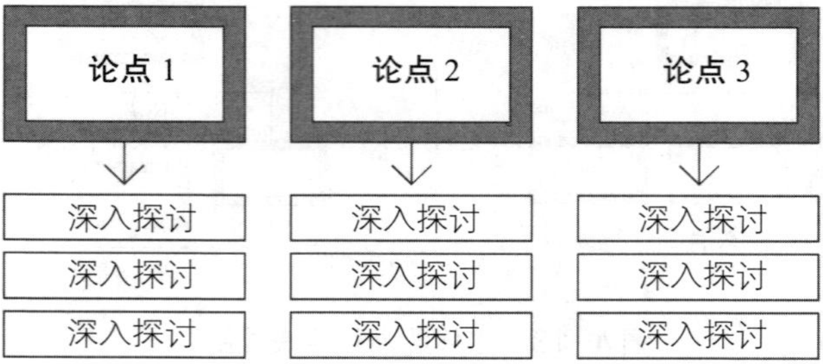

图 4-14　3×3 结构

3×3 结构运用三个平行的核心论点，分别深入探讨了三点内容。

精彩收尾

截至目前，我们已经探讨过演讲如何开头，以及在前 45 秒内如何抓住听众的注意力。前文又刚谈过演讲的主体部分如何架构内容，也就是使用 3 × 3 结构。

但你能就此止步吗？演讲又该如何收尾呢？

首因效应和近因效应显示，我们往往会记得一场演讲中所听到的第一件事和最后一件事。所以，处理好结尾是非常重要的，因为这将是听众起身离开前接收到的最后一点信息。

平稳着陆

结束一场演讲就像是飞机降落。下面有几种方法可供你选择。

- 迫降式：从高空直接坠落。你可以戛然而止，唐突地结束演讲。
- 盘旋式：演讲者快讲到结尾了，才意识到听众还没有听明白自己要传达的信息，只能硬着头皮接着讲，盼着能赶紧完成任务。还从来没人说过“我希望演讲越长越好”。你只能在规定的时间内完成你的演讲。
- 平稳着陆式：告诉听众，你的演讲教给了他们什么，以及他们需要采取哪些行动，比如：示意听众你的演讲已渐入尾声，总结要点，布置一些需要记忆的内容或者提出呼吁、号召听众行动起来（具体应是演讲中提到的内容），致谢并进入提问环节。

听众中心型演讲结构

人们之所以选择幻灯片中心型演讲手段，主要是因为他们多依赖于幻灯片来作为演讲结构的呈现方式，同时幻灯片也能给演讲者带来一种安全感。

当我们需要以既定的主题发言时，有太多的数据可供选择，我们的头脑中也有很多想法。此时，你需要制定明确的方法和框架，决定信息的优先顺序，搭建演讲的结构。幻灯片似乎是个办法，但是你可别被这一表象骗了。

在演讲中使用幻灯片是视觉辅助的一种方式，一旦使用得当，可以达到出人意料的效果，但它并不能作为架构内容的工具。如果将其用于架构内容，那么演讲者的思考和演说会非常不自然。

有清晰明了的演讲结构是至关重要的，这会易于听众理解，有助于你增强自信、稳定情绪。本书正是要提供给你一个框架来组织你所有的想法，让你能有逻辑、有影响力且自如地进行演讲。

希望你能做出一场有趣、切题和清晰的演讲，如果需要的话，你可以适当添加视觉辅助。这就是听众中心型演讲结构的要求

（见图 4-15）。

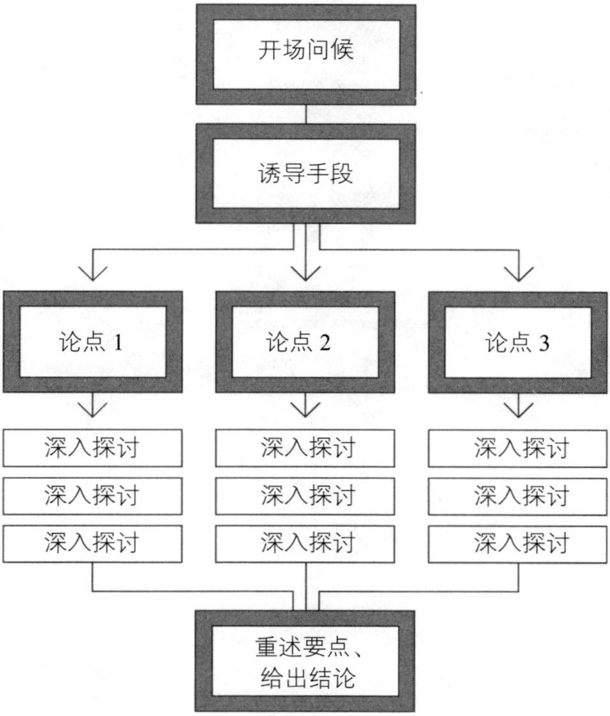

图 4-15　听众中心型演讲结构

第四章

要点总结

你需要掌握以下技巧：

前 45 秒内抓住听众的注意力

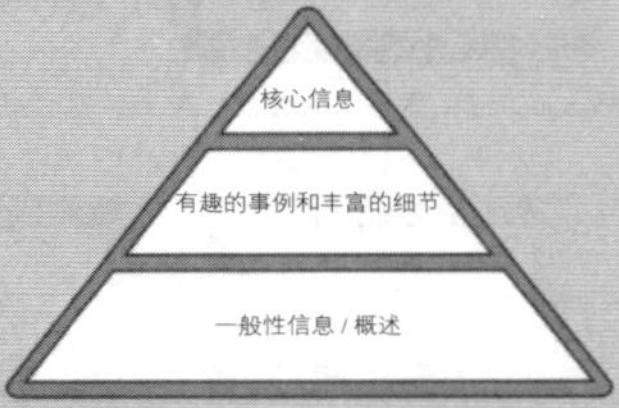

以核心信息开篇

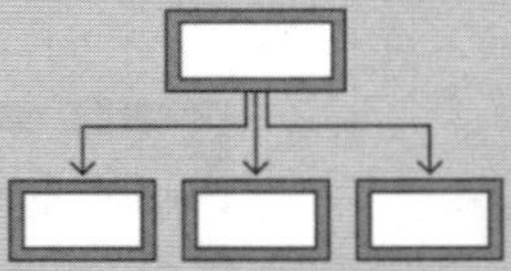

主体清晰

你需要避免以下失误：

避免主观臆断听众会对演讲兴趣盎然

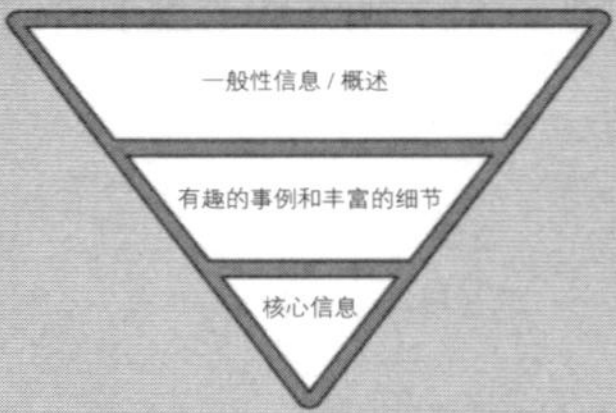

避免让听众苦等不到核心信息

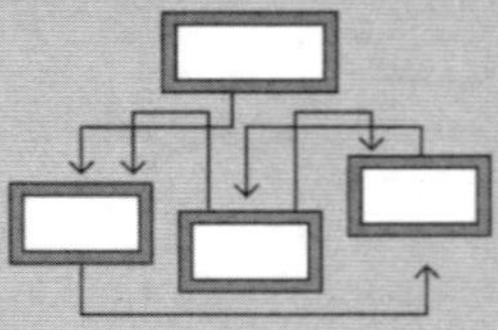

避免主体逻辑混乱

第五章

沟通要素篇

如果你不能用最通俗的语言解释清楚，那便表明你还没有彻底明白。

——阿尔伯特 · 爱因斯坦（Albert Einstein）

演讲的成功与否取决于你是否有能力把一系列清晰易懂、相互关联的听众中心型演讲信息整合到一起。

在当今的演讲中，人们常常会忽视一项重要的技能，即整合数据信息，使之简单易懂、互相呼应并易于掌握。我发现，如今的演讲者们都急于脱颖而出，醉心于一些光怪陆离、滑稽可笑抑或颇为轰动的事情上，从而导致他们早已把演讲的重点遗失殆尽。我很喜欢在演讲中用到精彩的视频、有趣的笑话或者有影响力的图片，但这些只是作为整场精彩演讲的一部分。在一场成功的演讲中，起作用的不是什么晦涩难懂的新奇点，而是最基本的沟通要素。

什么是沟通？也许人们的观点不一，但其实很简单。

沟通是促成有效的理解，沟通是娓娓道来一则故事。

良好有效的沟通能够确保你的听众参与其中，深入理解你的要点信息，并将其铭记于心。良好有效的沟通会使最枯燥无味的主题变得切实中肯、生动有趣，甚至会让听众享受其中。良好有效的沟通需要你使出浑身解数，为你的听众打造一场完美的视听体验。

要成为一名出色的沟通者，你必须全面了解听众。演讲的内容必须面向听众自身以及他们的兴趣点。想要说清你的观点，你必须广泛收集让人拍手叫好的故事、例证和事例等与听众息息相关的材料。对演讲主题，你需要热情洋溢、兴趣盎然。

良好有效的沟通需要演讲者下足功夫，因为在你起身进行现场演讲之前，你必须对你的演讲进行细心调研、深入拓展、精心组织、缜密架构、雕琢润色并多次排练。对如今的任何一场演讲来说，进行一场听众主导型的沟通交流都是尤为重要的。

那么，你要怎么做呢？

你是哪种类型的沟通者？

想象一下，对于听众来说，听你的演讲就像在驱车旅行。他们要从一个目的地前往另一个目的地，而你的演讲便是他们的所经之路。

你的演讲是不是一条平坦的高速公路，能让司机不费吹灰之力顺利地从 A 地到达 B 地呢？

你的路标是否清晰，是否可以保证听众享受一段舒适的旅程，不会走错路或者停错站呢？

你的演讲之路能否使听众轻松抵达他们想去的地方（见图 5-1）？

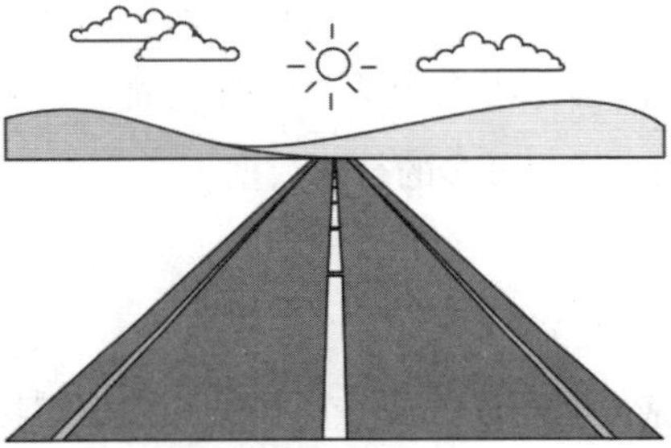

图 5-1　清晰的演讲之路

或者说你的演讲之路与其他各种道路盘织交错，导致听众还没出发就感到茫然无措。如图 5-2 所示。

图 5-2　盘织交错的演讲之路

你有没有给出明确的路标，来帮助听众找到一条适合自己的路？到达目的地后，听众是否会因旅途中多走了冤枉路而感到疲虑或沮丧？为确保你的演讲之路可以供人轻松前行，你必须避开4种误区：演讲内容与听众脱节，向听众灌输过多的数据，错用幻灯片演示文档，错用过多的行业数据。

演讲内容与听众脱节

在前45秒成功吸引听众注意之后，你需要再接再厉。

你的演讲必须始终与听众密切相关，因为一旦听众察觉出演讲内容与其自身无关，他们就会对此失去兴趣，你也就会失去这一部分听众。

向听众灌输过多的数据

在演讲中，听众往往会淹没在大量事实与细节信息中。

原因是多方面的，通常是来自演讲者本身的想法：

- 认为这是让听众觉得物有所值的最佳方式。
- 觉得所有信息都很重要。
- 不会筛选信息，不懂得怎样取舍。所以演讲者会把所有的信息一股脑呈现出来，并希望听众能消化吸收。
- 用数据作为支撑来打发时间，或者为了向听众展示他们的知识和才华。
- 按照公司其他人的做法循规蹈矩。

说到底，造成演讲内容过多的主要原因是演讲者没有以听众为中心，也没有从听众的角度思考他们到底需要什么或者到底想听什么。

科学知识来助阵

亚格尔教授通过过往20年的研究指出（https://sheenaiyengar.com/the-art-of-choosing/），过多的选择（或过多的数据）会降低人们对过程的参与度、决策的质量，并最终降低人们对这些决策的满意度。

当你的演讲始终专注于听众的需求时，要点信息就不会在冗杂的数据中被湮没无踪。

为了能清晰有效地表达某一观点，为了使听众便于理解进而采取行动，请牢记：目标明确的听众中心型演讲是你的最佳选择。

错用幻灯片演示文档

幻灯片展示的关键不在于把尽可能多的词汇填鸭式地塞进来，然后照本宣科读给听众，而是利用视觉辅助，使听众更好地理解你的所思所想。

正确地使用幻灯片演示文档可以充分有力地发挥其视觉辅助工具的作用。然而很遗憾，很多演讲者并不把它当作一种视觉辅助工具，而是当作以下工具：

- 演讲者的提示笔记；
- 演讲时的靠山；
- 准备工作的代替品；
- 讲义（演讲前、演讲中或演讲后分发）；
- 供不在演讲现场的人事后传阅演示的文档。

在后续章节，我会更加详细地探讨幻灯片演示文档。不过你得明白，你认为能够助你一臂之力的事情，也许恰恰是你表现平平的原因。

使用过多的行业术语

最棒的演讲者往往会用最通俗易懂的话语演讲。

> 通俗的语言表述清晰、直截了当。若有必要，你可以尽可能多地使用词汇来表达你的意思。这种语言能避免语义模糊、用词冗余及复杂句式的出现。通俗的语言不是嘤嘤儿语，也并非通用语言的简化版。使用这种语言的作者或演讲者都会使其受众专注于其所表达的信息上，而不会被佶屈聱牙的语言分散注意力。他们能确保听众轻松地理解演讲内容。
>
> ——罗伯特·伊格莱森（Robert Eagleson）教授

我知道你不想被人认为表达能力欠佳，或者你不想用这种看起来像小孩儿说的话来侃侃而谈。儿语与清晰、简洁、易懂的说辞有很大不同。我不是让你故意降低用语的水准，而是要你用一种通俗易懂的语言，而非行业术语。在日常对话中，我们用简单的一级词汇说大白话。这些词只有一个意思且众人皆知。就拿“路”来说吧，它就是一个一级词汇，而“基础设施”却不是。

要是想为人理解，你必须停止以下做法：

- 使用概念、缩略词和行话却不做任何解释。
- 设想听众有较高的认知水平（而实际上根本不可能）。
- 把大量毫无背景依据的信息数字一股脑儿地灌输给听众。
- 明明可以两句话说完，却要用 10 句话说。
- 总在预告之后要讲什么，而不专注当下，你得直截了当、直击要点。

给出事实当然是至关重要的，但实际上，你得给大脑留出时间来接受这些事实。

许多演讲者总会臆想他们的同事、受众或客户可以理解自己日常使用的行业术语，但事实并非如此，因此可能会产生严重的沟通障碍和误解。

相信我，听众（不论内部或外部）不像你想的那样可以理解行业语言，或者理解你的思维方式。他们可能听说过这个缩略词，或者碰到过这个理论，但这并不意味着他们和你的理解是一致的。

在预估听众的理解水平时，你不要过于自信。很可能你以为听众理解了，但事实上恰好相反。

演讲者肩负重担

演讲的出发点是促成有效的理解。

如果你列举的事实让人难以理解，那你其实就是在指望听众做到：理解并接受一份数据目录，在没有真实语境的情况下瞬间吸收、理解数据，得出与你的结论一致的结论。

事实上，这份重任永远不会落在听众身上，而是会落在演讲者身上。演讲者需要吸引听众全程参与，并确保他们可以理解这些数据。

你必须了解听众，了解他们是如何解读你的演讲的。那些在你看来自然无奇或者家长里短的事情，在听众看来却未必如此。你必须用一种听众能理解的语言来演讲。

在开始之前，请一定放弃自己的各种假设。如果听众显得迷惑，请从头开始，确保每个听众都能理解。

为确保听众全情投入演讲，并且可以明确你的演讲内容，你必须首先避免 4 种演讲陷阱，然后始终按照以下方法进行：用通俗的语言解释你演讲的信息及概念；你的演讲信息应围绕如何影响听众而展开；引用真实案例、故事或类比来解释你的概念，使演讲资料生动起来。

图画的力量

概念是一种抽象的想法，它可能包含许多含义。“持续性”就是一个概念，鲜有人了解这个词的实际意义。孩子们从图画角度进行思考，而成年人则从具体概念的角度进行思考，他们都不是从一般概念入手。

在传统的教育模式中，我们学到的就是如何去记忆数据和概念。只有一小部分教师会接受这些概念，然后付诸应用，并让我们理解且记住这些内容。

伟大的演讲是在重塑理解。向听众介绍某些概念，假定他们能和你一样理解这些泛泛而又抽象的想法，这样做是毫无意义的，当然也可能收效甚微。

作为演讲者，你必须先理解这些概念，然后使之生动起来。你必须把这些概念呈现出来，让听众有所感知，并让听众对其进行全方位的理解。

人们轻易（而且很情绪化地）会引入故事、事例、类比以及个案研究。更重要的是，人们会记住这些内容。我们的大脑与生俱来适用于记忆故事。通过讲故事，文化才会代代相传。 故事生动有趣，简单易懂且易于记忆。如果你一定要让听众记住某些重要的信息、概念或想法，那么你就要下足功夫，努力去讲一则故事或者找一个可以支撑论点的具体例子。事实真相很重要，但大脑接受事实的速度非常慢——想想你学乘法口诀或者法语动词变位时候的经验就足以证明了。

故事可以让事实开口说话。它赋予事实一个有情感的语境，它会让事实易于理解且引人入胜。同样地，这些事实会很快被大脑吸收。在这个过程中，你会变得更有人情味、更平易近人、更关注听众。杰出的演讲者总会巧妙地把故事或案例运用到案例中，这也是他们的演讲生动形象的原因，这样听众与演讲者就可以在演讲中联系起来。

在本书的开篇，我曾介绍了哥伦比亚航天飞船的悲剧，我希望这足以说明讲故事的重要性。

让我们来谈谈 TED 演讲吧！

在结束这一章之前，我需要谈谈 TED 演讲。这点尤为关键，因为很多 TED 演讲都是今天的演讲者们衡量自己演讲的标准。

TED 致力于传播思想，通常以简短、有力的演讲（18 分钟或以内）的形式出现。TED 会议开始于 1984 年，集技术、娱乐和设计于一体，涵盖众多主题——从科学到商业再到全球问题——涉及 100 多种语言。同时，独立举办的 TEDx 活动有利于促进世界各地人们的思想交流。

TED 演讲都非常精彩。但是，这一场场的演讲为什么会如此引人入胜、通俗易懂且有理有据呢？

他们表现如此出色，原因之一就是 TED 组织者会给所有即将上台的演讲者送上“TED 演讲法则”。演讲者必须遵循以下法则。

- 别用常见的内容忽悠听众。
- 你应该描绘一个伟大的梦想，展示一种神奇的新事物，或者分享一些你从未分享过的东西。
- 你应当充分展示你的好奇心与热情。
- 你应当给听众讲个故事。
- 你应当积极地回应其他演讲者的演说，以此增进友谊。
- 你不应夸大自我。假如你是失败者，也应当适当地分享你的成功经历。
- 你不能在台上做任何形式的推销：不管是你的公司、产品、书刊还是你的筹款需求，否则你将被大会冷落。
- 你应当时刻记住：微笑是最美的。
- 你不应该照本宣科。
- 你应当在规定的时间内完成你的演讲。

TED 演讲者都在遵循以上法则，这就是他们的演讲如此精彩绝伦的原因所在。

我之所以和你们分享这些，是因为 TED 演讲法则和你在这本书中看到的一样，都是演讲实践的最佳指导方针。

第五章

要点总结

运用直截了当的沟通方式

你的演讲之路能否使听众轻松抵达他们想去的地方

可供选择的路太多，听众不知何去何从

你的演讲之路与其他各种道路盘织交错，导致听众还没出发就感到茫然无措

第六章

听众中心型演讲

准备演讲时不将听众放在心上，便如同写情书时在开头写上“敬启者”。

——肯·哈默（Ken Haemer）

在下面几页里，我将详细介绍听众中心型演讲三步法，及听众中心型演讲筹备备忘录。它们可以帮你有效地节约时间，合理地架构信息。该方法久经考验、卓有成效，只要你遵循该法，必定能使演讲出彩。

听众中心型演讲法

将听众中心型演讲的 3 个步骤分解，一次一个步骤，这是成就一场精彩演讲的关键（见图 6-1）。

每个步骤都为下一步骤做铺垫，所以务必先完成第 1 步，再进行第 2 步、第 3 步。一定要确保在完成 3 个步骤之后再开启电脑或准备幻灯片

图 6-1 不要提前开启电脑

- 首先，了解听众及其需求。
- 其次，分析资料，提取信息并进行归纳。
- 最后，设计有效的视觉辅助。

第 1 步：剖析听众

我刚进媒体行业时是在电台工作。第一天上班时，有人给了我一张纸条并告诉我，无论我说什么，都要与我的听众奥尔拉有关。

奥尔拉

我是奥尔拉，女，今年 37 岁，热爱社交，幽默风趣，十分性感。

我喜欢买衣服。我经常在 Next（英国服装品牌）店为家人采购，偶尔也会在某家高档百货商场购买一些特别的东西。

我的家人都热爱美食，我们通常去玛莎百货，也在特易购寻找更实惠的东西。

我认为，我们一家人的品位都比较时尚，丈夫和我都希望在房价允许的情况下搬到更富裕的地区去。

我们觉得，当有一个靠得住的保姆（很难找到）在家看孩子，我和丈夫能在比萨店来一顿二人晚餐，偶尔还可以再看一场电影，这对我们而言就是一个美妙的夜晚了。

我有两个孩子，8 岁的弗格斯和 6 岁的安娜。他们最近看了《海底总动员》，他们喜欢收藏动画片的影碟。孩子便是我的一切。

在现实生活中剖析听众

就我的工作经历来看，每一档电视节目或是播音节目都有其特定的目标受众，但是我从没见过分析得如此细致的记录。奥尔拉是我们节目“听众的化身”，她是所有目标听众的代表。每次上节目时，我都会时刻将她牢记在心。

剖析听众就是要尽可能多地了解你的目标受众，这样你就可以“量体裁衣”，更好地处理演讲内容。通过剖析听众，你可以提前了解听众的需求，采用更有效的方式传递信息，从而得到更好的结果。

正确诊断

在医学领域，正确的诊断十分重要。如果诊断错误，病人会遭受病痛折磨乃至死亡。病情诊断并非是信息的简单堆积，而是将信息以某种方式组织起来，进而得到有效的、合乎预期的结论。

优秀的演讲者知道，对听众进行有组织、有逻辑的诊断是十分必要的，因为这样有助于传递与听众相关的信息，从而达到理想的效果。剖析听众是演讲设计中不可或缺的一部分。

正如看病需要对症下药一样，我们的演讲也要为特定的听众而设计。

不同的听众

通常你会面对不同的听众，他们的需求和疑问也各不相同。对此，并没有放之四海而皆准的解决办法。演讲者是一个非常具有挑战性的角色，你需要认真地问自己几个问题：

- 我的听众具体可以划分为几类？如果是公司演讲，那么听众就会有实习生、管理者以及决策者。他们来自公司内的不同层次，有着不同的需求。
- 我想要和所有人交流吗？需要这样做吗？你需要确定你真正想要说服的人是谁。做决策的人是谁？你的演讲内容对谁影响最大？

你不可能在演讲时兼顾不同需求的听众，但是你可以分不同时段照顾不同的听众。

但是，如果你需要和所有人谈论某个话题，那么你必须先从对这一话题的认知水平最低的一个人入手。但请记住：若采用这种方法，那么对该话题略知一二的人就会对此没什么兴趣了。

请牢记，听众认真倾听的唯一原因就是你的演讲会带来益处或是错过这场演讲会带来损失。你必须接受这个事实：如果你的演讲与一部分听众无关，那么他们很可能就没兴趣听下去了。

准备演讲的第一步就是剖析听众，拿起纸和笔，回答以下 10 个问题。

- 会有多少人到场聆听此次演讲？
- 你的目标听众是谁？
- 如果听众类型较多，那么谁才是你的目标听众？
- 他们是被迫来的，还是自愿来的？
- 对于你以及你的演讲主题，听众知道些什么？
- 为了达到你的既定目标，此刻听众需要知道些什么？
- 你要怎么描述听众对于演讲主题的感受？
- 你的目标听众对这于一主题是支持还是反对，为什么？
- 从听众角度来看，他们为什么要关心你的演讲？
- 如果由你的目标听众来设计演讲，他们会包含哪 3 个主题？

如果你自己无法回答这些问题，那就在演讲前去请教某个听众代表或是从你的同事那里获取信息。在大多数情况下，你都可以在演讲开始前问问听众需要得到什么信息。

在开始第 2 步之前，你必须先回答上述 10 个问题。掌握这些与听众有关的信息能帮你组织并选取恰当的信息从而构建一个有说服力的故事。

第 2 步：谋篇布局

演讲者之所以优秀，不在于他说了什么，而在于他没说什么。

你想要一块儿巧克力蛋糕吗？

现在请想象自己在一场聚会中，有人说马上就要端上来一份巧克力蛋糕了。你喜欢巧克力蛋糕，也很想吃一块。

女主人端着巧克力蛋糕出现了，但是蛋糕放在一个脏兮兮的盘子上。女主人徒手掰开了蛋糕，然后把一坨蛋糕放在厕纸上递给了你。

你现在还想吃这份巧克力蛋糕吗？

现在重新想象一下，女主人推着银色的餐车出来，上面放着一块巧克力蛋糕，然后她将蛋糕切成非常精致的小块放在漂亮的瓷盘上连同一杯香槟一起递给你。现在你会接受这块巧克力蛋糕吗？（见图 6-2）

你会接受这块蛋糕，也可能会拒绝这块蛋糕，为什么？蛋糕是同一块蛋糕，只是女主人分发蛋糕的方式决定了你接受与否。

图 6-2　现在你会接受这块巧克力蛋糕吗？

你选择、组织以及传递信息的方式不同，同样也决定了听众对你的演讲是否买单。我每天都会看到一些商业人士借助临时做成的幻灯片来演讲，演讲内容未经准备和练习，毫无章法、一塌糊涂。

最糟糕的是，如果正确传递信息，听众很容易理解，但是这种差劲的演讲，只会让听众拒绝接受。这样的结果让演讲者和听众都感到失望透顶、懊恼不已。

脱离幻灯片，构建听众中心型演讲结构

大多数与我接触过的演讲者都知道自己过度依赖幻灯片，他们将幻灯片作为支撑演讲结构的“拐杖”。

但是，如果不用幻灯片来架构演讲内容，那你会用什么呢？

你可以用听众中心型演讲结构。该结构是一个简单的叙事框架，适用于所有演讲。

当你完成第一步剖析听众之后，下一步就是列出演讲大纲。

听众中心型演讲结构是基于我们在本书前面看到的最佳沟通实践之上，它能够使你做到以下方面（见图 6-3）：

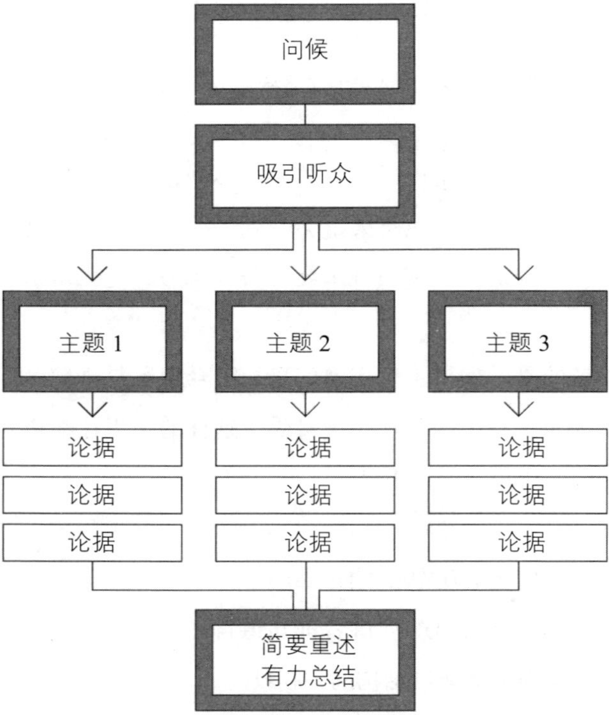

图 6-3 听众中心型演讲结构

- 完成自我介绍；
- 吸引听众注意；
- 演讲分为 3 大主题，且有相应的支撑论据；
- 做出令人信服的总结。

现在我们来研究如何将内容放入这一结构中。

问候

这只是决定你该怎样打招呼，介绍自己。

选择问候方式时应该思考如下问题：

- 听众认识你吗？
- 听众与你有关系吗？
- 演讲是在早上还是在下午？
- 你是第一个演讲还是最后一个？

没有绝对正确的问候方式，但是你的问候必须真诚、真实而且简短，因为这会占用演讲开头的 45 秒时间。

吸引听众

在本书前面部分，我们已经探讨过了，我们要用最强有力的观点来吸引听众，让他们尽可能以最积极、最认真的态度倾听。

将内容以 3×3 的结构呈现

在准备任何一场演讲前，你手头有的只是各种数据。作为演讲者，在筹备阶段你需要做的是：梳理信息，进行分组，用故事的结构将之呈现出来，以便于听众和你自己更好地理解。

请注意，我不是让你删减重要的信息，而是让你用简单易懂的方式呈现出来（见图 6-4）。

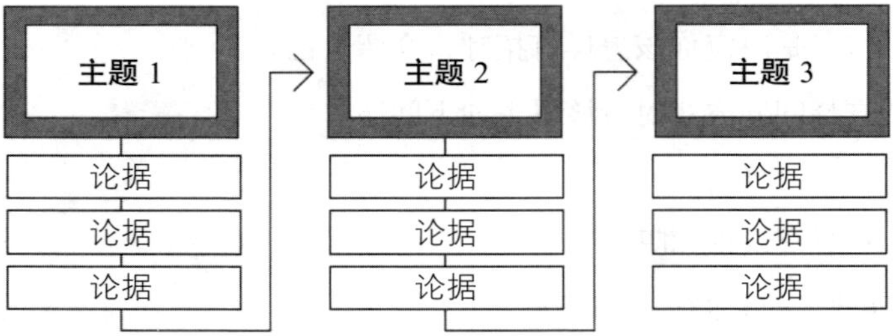

图 6-4　将内容以 3×3 的结构呈现

注意：并不一定所有的演讲都要完整的 3×3 结构，你可以精简。不过在进行商务演讲时，我认为其结构不应比 3×3 更复杂。

这样做的目的是讲解并扩展 3 个核心主题，并分别用 3 个最吸引人、最有影响力的信息来支撑这些核心主题。

该结构可以确保你演讲故事的流畅性，从而不会出现信息混乱。

主题 1 是整个故事的开端。你需要先解释并给出主题 1 及其支撑信息，然后是主题 2，最后是主题 3。这样一来，你的演讲就有清晰的开篇、发展和结尾了。

使用 DOTS 技巧

该如何确定每个主题的内容？你要做的就是使用 DOTS 技巧（见图 6–5）。

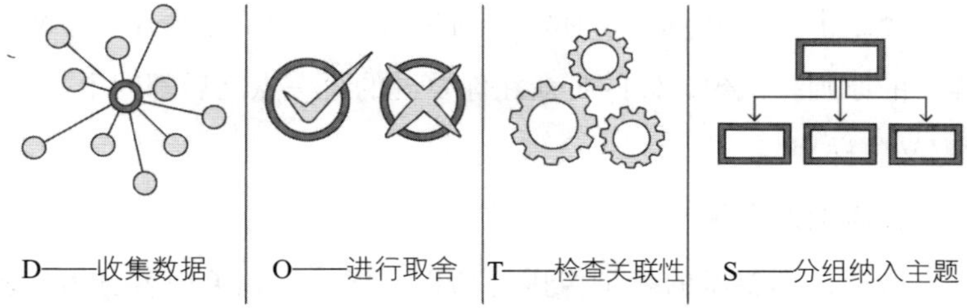

图 6–5　使用 DOTS 技巧

- D——收集数据（Do a data dump）。
- O——进行取舍（Out or in)。
- T——检查关联性 (Test for relavance)。
- S——分组纳入主题 (segment into your themes)。

收集数据

首先进行头脑风暴，把所有你想到的与演讲有关的内容都写下来。千万不要有所保留。

进行取舍

现在你需要运用优先级排序原则对数据进行取舍。问问你自己，该信息是必须有、应该有、可以有，还是不必有。

请记住，全程你都需参考剖析听众环节得出的答案，这样你就可以随时进行自我诊断，并确保将听众放在首位。

检查关联性

经过上一轮筛选后，你需要对所有留下的信息运用“那又怎样”的原则。试想，你的听众在你要说的每一点之后都问上一句：“那又怎样？”

分组纳入主题

最后，你要做的就是像拼七巧板一样，将相关内容分组，放进三大主题及其支撑信息里。如果你此时遇到问题，解决办法同上——回过头去参考在剖析听众阶段得到的答案。关于如何归纳分析信息，你所需要的全都能在那里找到。

总结

目前，你已经成功地吸引了听众，也给出了3条清楚易懂的信息，此时你要做的就是提醒听众记住你演讲的价值，致谢并进入问答环节。

听众中心型演讲结构的实际应用

图6-6至图6-9展示的是听众中心型演讲结构在4种演讲情

境中的应用：告知信息、影响听众、鼓舞听众和销售推广。

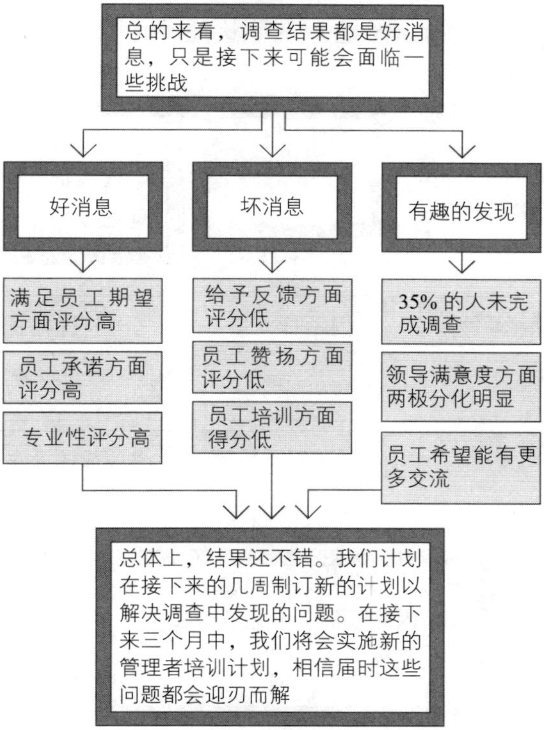

图 6-6　告知信息型演讲

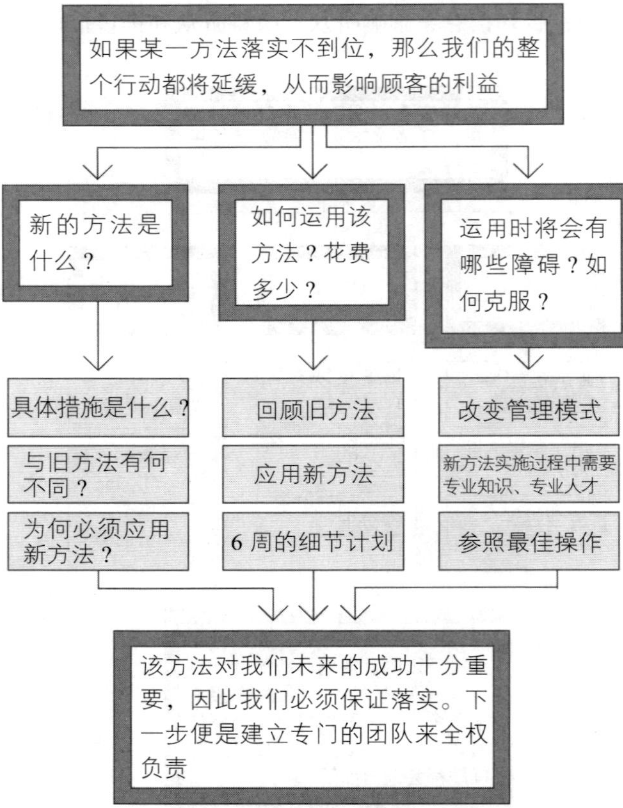
如果某一方法落实不到位，那么我们的整个行动都将延缓，从而影响顾客的利益
新的方法是什么？
如何运用该方法？花费多少？
运用时将会有哪些障碍？如何克服？
具体措施是什么？
与旧方法有何不同？
为何必须应用新方法？
回顾旧方法
应用新方法
6 周的细节计划
改变管理模式
新方法实施过程中需要专业知识、专业人才
参照最佳操作
该方法对我们未来的成功十分重要，因此我们必须保证落实。下一步便是建立专门的团队来全权负责

图 6-7　影响听众型演讲

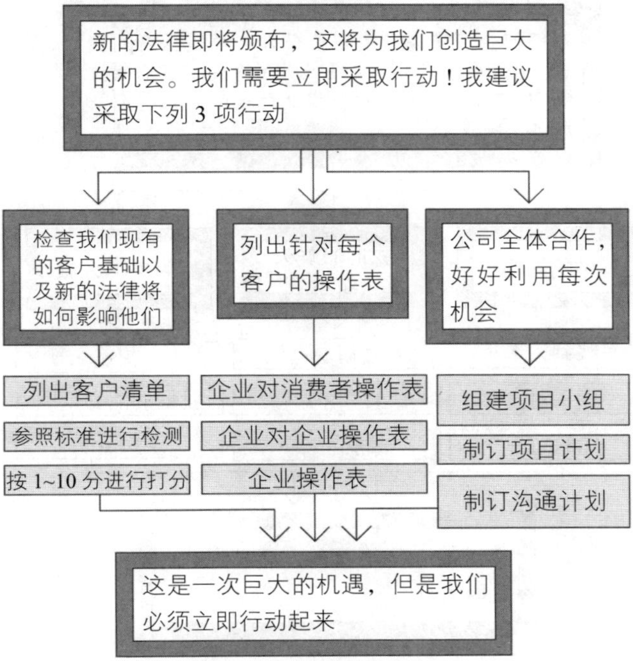

新的法律即将颁布，这将为我们创造巨大的机会。我们需要立即采取行动！我建议采取下列 3 项行动
检查我们现有的客户基础以及新的法律将如何影响他们
列出针对每个客户的操作表
公司全体合作，好好利用每次机会
列出客户清单
参照标准进行检测
按 1~10 分进行打分
企业对消费者操作表
企业对企业操作表
企业操作表
组建项目小组
制订项目计划
制订沟通计划
这是一次巨大的机遇，但是我们必须立即行动起来

图 6-8　听众型演讲

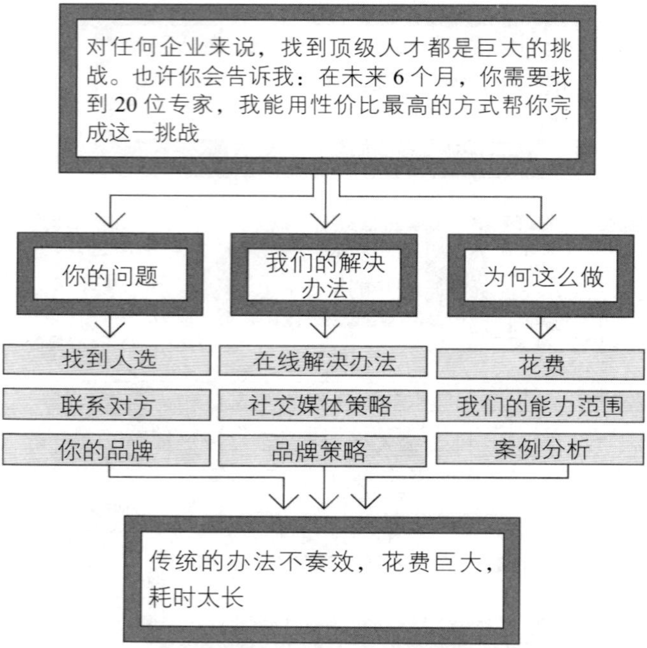

图 6-9　销售推广型演讲

由于保密性要求，我只能大致描述这 4 种演讲，但它们的确是基于我与客户合作的 30 ~ 60 分钟的真实演讲案例。一旦演讲者确立好演讲结构，他们就要根据时长以及与听众的相关度来决定每个主题下应该说些什么，需要哪些支撑信息。

第 3 步：设计视觉辅助

跳出幻灯片来思考（Think Outside the Slide'）公司的戴维·帕罗迪（David Paradi）在 2015 年做了一项调查，内容是关于最令人讨厌的幻灯片，其结果显示：对着幻灯片照本宣科仍然是听众遇到的最大困扰。

除此之外，还有其他三大困扰（见图 6-10）：

图 6-10　其他三大困扰

为什么会发生上述问题呢？因为演讲者使用幻灯片的方法是错误的。

你漏掉幻灯片的重点了吗

如今，人们对于幻灯片的应用已经到了过度甚至滥用的程度。但他们却给出了如下理由：

- 其他人的幻灯片都是这样。
- 上一位演讲者就是用的这个幻灯片，因此我必须与其达成一致。
- 如果不用幻灯片，人们会认为我准备得不充分。
- 幻灯片可以提示我接下来要讲什么。
- 幻灯片内容放在一起就可以作为听众手头的演讲资料。
- 如果有文字供听众阅读，那么他们会对演讲更感兴趣。
- 如果我漏掉了某个信息点，听众可以通过看幻灯片来补上。
- 有了幻灯片，人们会认为我更加专业。

你才是演讲的重点

对于幻灯片制作工具方面，我并没什么偏好。对我来说，PPT、Keynote、Prezi 以及其他软件都是制作幻灯片的工具而已。它们是以幻灯片为中心而非以信息为中心。

然而，在与我共事的人里面，99% 的人都使用 PPT，因此本章我会以 PPT 为基础来分析幻灯片。请注意，我所讲的有关 PPT 的内容均适用于其他幻灯片制作软件。

首先，我想让你们明白，幻灯片不是为演讲者准备的，而是为听众准备的。幻灯片是一种视觉辅助工具，用来帮助听众理解及记忆演讲信息。你应该根据演讲结构和信息来制作幻灯片，而不是反其道而行之。

演讲的中心不是幻灯片，而是你。演讲是你与听众互动，无论有没有幻灯片，你都要清楚地传递出相关信息。

生活中，你也不是时时刻刻都能随身携带幻灯片的。设想你去参加一个派对，拿出 PPT 乏味地向大家介绍你这一周的情况；回到家，用 Prezi 向你的伴侣陈述你这一天的生活；和朋友吃饭时，如果你非要按既定内容来交谈，那么这顿饭会很乏味。

事实就是你并不一定非要用幻灯片才能进行一场精彩的演讲。幻灯片是可用可不用的。当然，你可以用它来使你的演讲锦上添花，但它绝非你演讲不可或缺的工具。

如果你是按用听众中心型演讲结构来准备演讲的，那么是否使用幻灯片都可以。幻灯片并非必要工具，它只是“让听众更好地理解信息的一种选择”。

使用幻灯片的一大弊端在于，人们会花更多的时间设计动画效果而非剖析听众，人们更关注声音效果而忽略了演讲结构。

你选择哪个软件并不重要，重要的是你如何使用软件。准备幻灯片之前你做了些什么，这才是关键所在。你得亲自试验，看你最喜欢哪款软件。但是无论你选择 PPT、Prezi 还是 Keynote，都要在制作幻灯前先进行以下 3 个步骤：剖析听众，谋篇布局和设计视觉辅助。

为幻灯片添彩

在该阶段，你已经完成听众中心型演讲方法的前两步。

现在，拿出你在第 2 步做好的结构清单，梳理一下幻灯片的每部分需要哪些内容。在该阶段，你可以问问自己下列问题：

- 要制作一页幻灯片用来问候听众吗？
- 如何在视觉上吸引听众？
- 每个主题和支撑信息都需要一页幻灯片吗？
- 每个观点都需要用幻灯片展示吗？
- 如果此处不使用幻灯片，可以用其他道具、翻转图、视频或者纯粹脱稿演说吗？
- 究竟需不需要使用幻灯片？

幻灯片的数量没有固定要求。你可以使用 1 页，也可以使用 100 页。这与幻灯片数量无关，重要的是只有在对演讲有所助益时你才需要使用视觉辅助。

我会根据一些最佳演讲经验总结出为幻灯片添彩的十大法则，如下所述。

1. 准备视觉辅助是你最后要考虑的事

你必须先剖析听众、谋篇布局，然后再利用本书提供的故事模板来设计视觉辅助。时刻谨记，你需要根据听众中心型演讲结构来设计幻灯片（见图 6-11）。

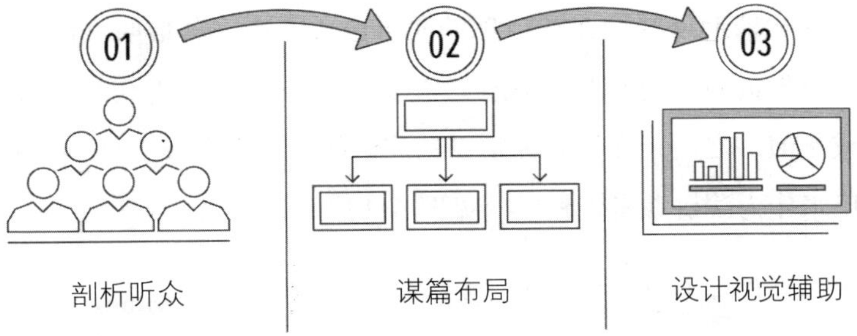

图 6-11　听众中心型演讲的 3 个步骤顺序

2. 视觉辅助材料与幻灯片文档不可相提并论

视觉辅助材料（幻灯片）和分发给听众的文字材料或者幻灯片文档在交流中是完全不同的材料，有着截然不同的目的。

在如今的演讲当中，很多人会把视觉辅助和幻灯片文档当作同一种东西，这实在让人担忧。

“幻灯片文档”一词是杰出的演说大师南希·杜瓦特（Nancy Duarte）的独创，这些文档是指使用演讲软件制作而成的视觉辅助文件，用于供人阅读、参考，而非现场投影播放。换言之，幻灯片文档可以被当作分发材料、报告、建议或信息源，供无法参与演讲的人来使用。

演讲幻灯片是为演讲者准备的，用于演讲；幻灯片文档是为听众准备的，仅供阅读。它们不一样，绝对不一样，也绝不该被视为同一物。

视觉辅助材料旨在辅佐你的演讲内容，而非分散听众的注意力。分发的材料是现场听众会后要带走的东西，是听众在演讲之前或是演讲之后，在没有你精湛的演讲技巧及个人魅力加持之时，拿出来作为演讲参考资料的（见图 6-12）。

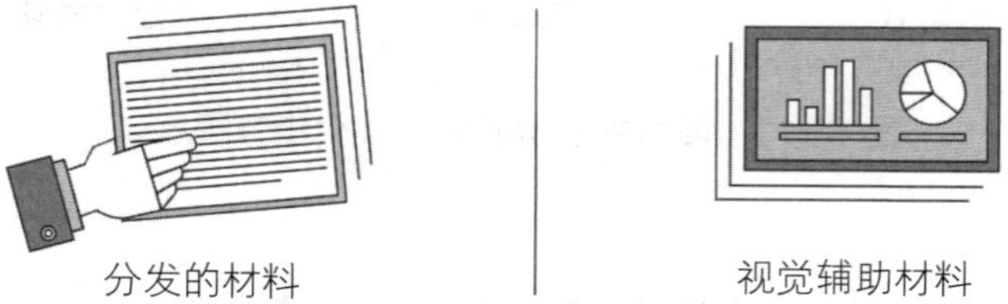

图 6-12　分发的材料和视觉辅助材料

如果你在演讲期间给某听众分发材料或者播放满是文字的幻灯片，那他们就会提前看文字，而不听你的演讲。如此一来，你站在那里演讲的意义何在？

3. 不要为了用图而用图

我曾与一些在某法律事务所工作的人合作过，我告诉他们，他们的演讲需要加入更多视觉的效果。

第二天，我接到客户的电话。他告诉我，该小组的演示文稿中满是法官和法庭天平的图片。当被问及原因时，他们回答说：“埃玛告诉我们要使用图片！”我并没有告诉他们要使用图片，我说的是要使用视觉辅助（见图 6-13）。

视觉辅助材料是使你的信息更容易被理解的图像。你所使用的图像必须有意义

图 6-13　绝不是随意的法官插图！

4. 每张幻灯片只能有一个信息点

听众观看你的幻灯片时，应该有顿悟的时刻。你的幻灯片应思路清晰，听众不需要费很大力气去看，不需要有快速阅读的能力。在你说到“正如你在该幻灯片上所见”时，听众也不需要在幻灯片上疯狂搜寻电子数据表才能找到你说的数字（见图 6-14）。

你有 20 张幻灯片还是只有两张，这都不重要，反正都是你要讲到的。当然，分发的资料就不必遵循该规则了，因为它是书面材料，你可以在每一页随意安排信息点。

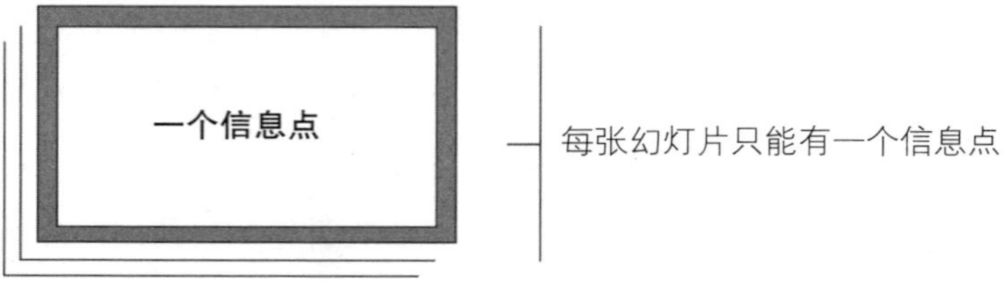

图 6-14　一个信息点

5. 横向 5 个词，纵向 5 个词

当然，你可以在幻灯片上放一些文字，但是多少文字能达到效果是有规律可循的。为了实现最好的效果，使用的文本最好是横向 5 个词，纵向 5 个词。

我说的不是 5 个句子。幻灯片上是绝不允许出现长句的，毕竟 PPT 中的信息点（point）才是主要的。你——演讲者本人——可以在演讲时介绍长句子及你的演讲文本，因为你才是演讲至关重要的一环。这也是你作为演讲者站在台上的原因。

你要与听众交流，而不是让幻灯片喧宾夺主。幻灯片只展示关键信息，如果你每行每列都超过 5 个词，那可以分成几页来做（如图 6-15）。

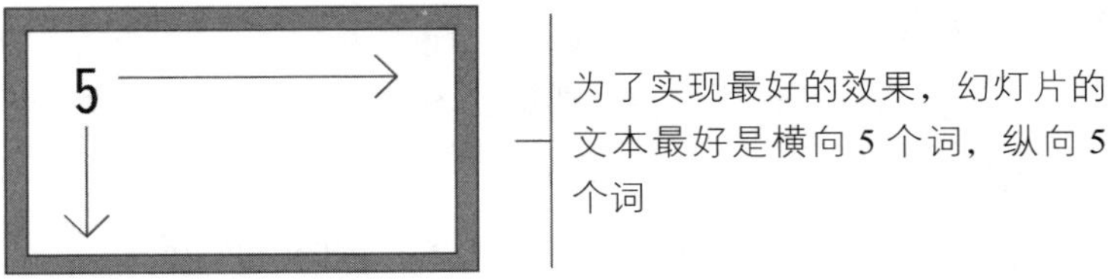

图 6-15　横向 5 个词，纵向 5 个词

6. 为文本添加动画

给文本添加动画是指让幻灯片上每一栏的内容都依次出现在屏幕上。例如，如果你某张幻灯片上横向纵向都是 5 个词，那么你就需要为它们添加动画效果，使之依次出现。如果你让 5 个词同时出现在屏幕上，那么当你在说第一个观点时，听众就会……好吧，你压根不会知道他们看到哪里去了，是观点 2、观点 3 还是观点 5? 但愿你能讲快点儿，因为他们绝不会倒退回来再看前面的内容了（见图 6-16）。

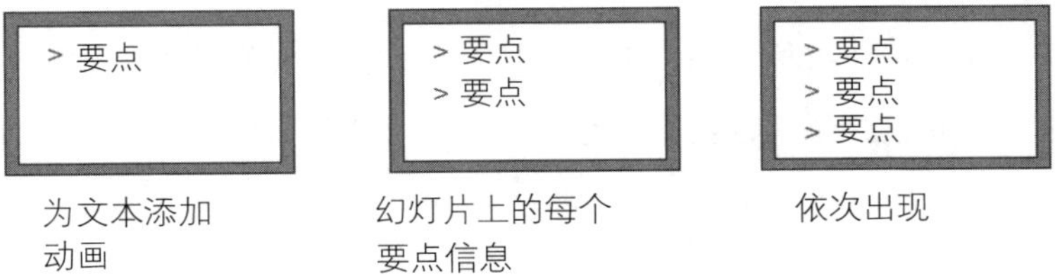

图 6-16　为文本添加动画

7. 幻灯片切换

从一张幻灯片切换至另一张时，有很多种华丽的方式，我们称之为幻灯片切换。

你可以让幻灯片飞入、飘入、淡入、擦除、推出、旋转、弹出以及直接出现，除此之外，还有许多其他切换方式。

以上切换方式都很酷炫，但请确保你在同一演讲里只使用同一种切换方式（见图 6-17）。

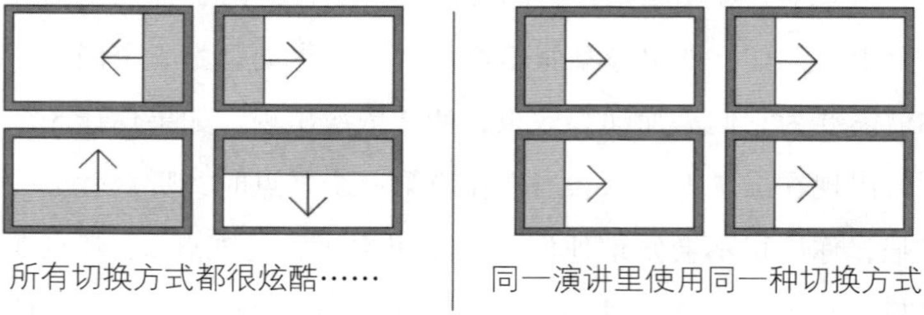

图 6-17　幻灯片切换

在一场演讲里使用以上所有切换方式的人（我曾经见到过），你得停止显摆了。这会喧宾夺主，甚至会让听众眼花缭乱，而且再多的切换技巧也无法成就一场伟大的演讲。

8. 演讲者要控制幻灯片，而不是被幻灯片牵着鼻子走

大多数人用幻灯片做演讲时会这样做：

- 点击幻灯片。
- 停顿，看一下幻灯片以获取提示。这种停顿通常伴有惊讶的表情（我怎么把这张幻灯片放在这里了？），恐惧的表情（关于这点我要说些什么呢？）或者是冷漠（这场演讲实在无聊）。
- 不管幻灯片上是什么内容，他们就开始逐一讲解。

在整场演讲中，他们都在重复这样一种流程。演讲不应该是这样的。作为演讲者，在鼠标点击之前，你就要知道接下来要讲什么，并向听众介绍。你才是引导整场演讲的人，幻灯片只是辅助工具，点击下一页前，你一定要对其进行介绍（见图 6-18）。你如何才能做到这一点呢？只有一种办法：提前准备。

图 6-18　演讲者要控制幻灯片

9. 屏幕不是为你准备的

听众花时间来听你演讲，所以你至少要看着他们，而不是背过身去对着幻灯片讲话。是的，他们可能并非自愿来听你演讲，但是如果你面向听众，看着他们，那就更有可能吸引听众的注意力。

你又是如何看见幻灯片的呢？有些会议室会有专门的屏幕让演讲者在面向听众时也能看到幻灯片。如果现场没有这种设备，你要做的就是把自己的笔记本放在你面前某个位置以确保自己看得见（如果你需要笔记的话，也可以放在那）。这样一来，你就能和听众看到同一页幻灯片了。

笔记本是为你准备的，大屏幕是为听众准备的。请务必时时刻刻面向听众。如果你需要特别指出屏幕上的某些东西，那就直接倒着退回屏幕处，把头转向屏幕，用手指向屏幕（见图 6-19）。

在演讲中，绝不要转过身去背对听众，千万不要！

图 6-19　不要背对听众

10. 热键 B 和 W

我认为这是一个非常实用的小技巧。当你全屏展示幻灯片时，按下键盘 B 键或者 W 键，屏幕就会分别变成黑色和白色。如果再按一次 B 键或者 W 键，就又复原了。这也说明，当你无须使用幻灯片，那就不必使用（见图 6-20）。

如果你想要关闭屏幕以抓住听众的注意力或强调某个观点，这招非常有用

图 6-20　热键 B 和 W

设计视觉辅助

设计视觉辅助时，你需要先远离电脑。使用结构清单，先浏览你的演讲结构，看看哪些视觉效果可以帮助你传递信息。在做这一步时，我建议你用下面提供的模板画一张草图，看看你的幻灯片应该是什么样子的，会以怎样的顺序播放。一旦你清楚地知道自己要用哪些视觉设计了，就可以在电脑上开始制作了（见图 6-21）。

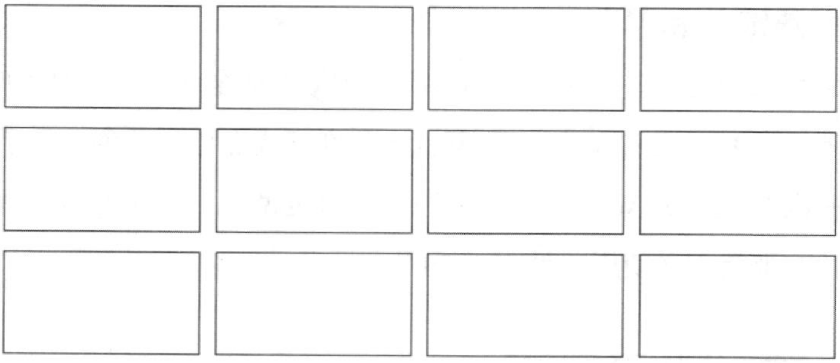

图 6-21　设计视觉辅助

整合内容

表 6-1 是听众中心型演讲筹备备忘录。这里用到了单页形式，可以简洁、高效地展现听众中心型演讲 3 步法。你可以用它来准备任何你要做的演讲。你可以在 www.thepresentationbook.com 网站上下载这张备忘录以及所有的模板（见图 6-22）。

表 6-1　听众中心型演讲筹备备忘录

从此处入手	
1	该场演讲的目的是什么？
2	你最想让听众记住的是什么？
3	如果演讲大获成功，听众在听完之后会怎么想？他们会有什么感觉？他们会做什么？

续表

现在进行数据分析	
1	你有多长时间进行演讲？
2	你准备预留多长时间进行问答环节？
3	现场会有人对你进行介绍吗？（如果有，你是否已经提供了介绍自己的相关材料？）
4	你从哪里上场？
5	所有你需要的技术设备（包括备用计划）都到位了吗？

了解你的听众：剖析听众	
1	会有多少人到场聆听此次演讲？
2	目标听众都是谁？
3	如果听众类型较多，那么谁才是你的目标听众？
4	他们是被迫来的还是自愿来的？
5	关于你以及你的演讲主题，听众知道些什么？
6	为了达到你的既定目标，此刻听众需要知道些什么？
7	你要如何描述听众关于你演讲主题的感受？
8	你的目标听众对于这一主题是支持还是反对，为什么？
9	从听众角度来看，他们为什么要关心你的演讲？
10	如果你的目标听众在设计你的演讲，他们会包括哪 3 个主题？

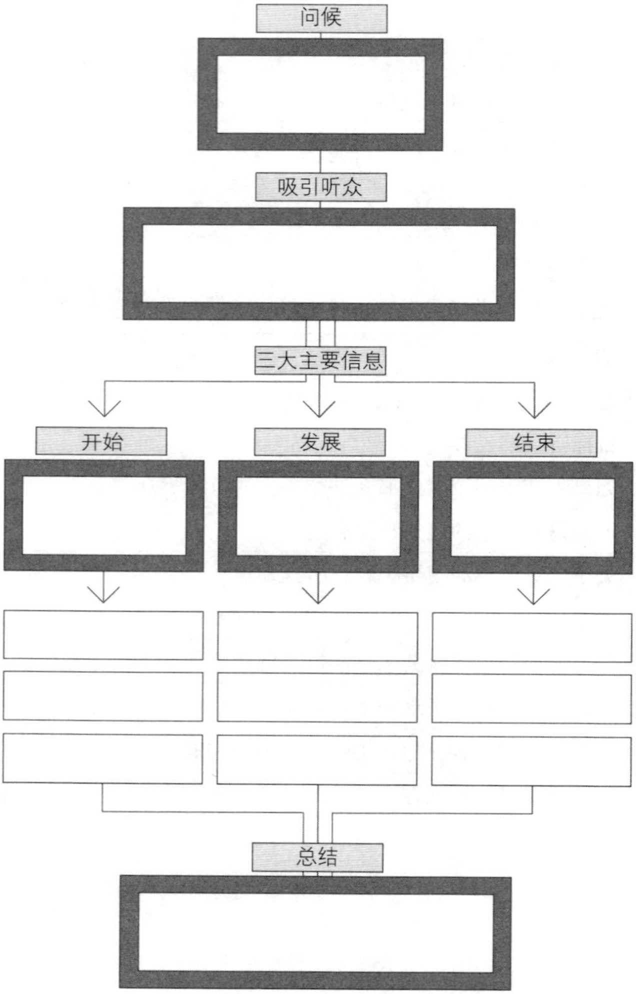

图 6-22　听众中心型演讲筹备框架

第七章

好戏开始

克服怯场的最佳方式就是知道自己在说什么。

——迈克尔 · H. 梅松（Michael H.Mescon）

演讲由两部分构成：沟通——雕琢内容，表达——起身演讲。

到现在为止，本书主要在介绍沟通以及组织信息的方法。接下来，我会介绍表达技巧。这些技巧可以在你当众演讲时派上用场。如果在准备阶段你能完全遵循本书前几章的内容，那么应用接下来的内容会水到渠成，因为你已经对演讲内容了如指掌。但是，仍有一些需要特别注意的事情。

演讲也是表演

当你起身演讲时，表演便开始了。很多人并不喜欢听我这样说，他们甚至觉得厌恶，好像我在要求他们做一些违背天性的事情。我所说的表演，并非指演戏，不需要你变成另外一个人。我也不是让你虚构或伪装，你也没必要这么做。我所说的表演要求你在演讲时有饱满的情绪。在演讲时，你要保证最好的状态，要精力充沛、热情洋溢。

你不能只是走个过场就草草了事。你在演讲时需要注意并掌握的表达技巧包括：演讲充满激情、幽默风趣、活力十足；目光交流、稳站如松；语言简单明了，一次一个关键信息；多次排练、注意手势和避免焦虑等。

演讲者的个人风格

充满激情

想要使你的演讲具有影响力，激情是必不可少的。

充满激情意味着你关心演讲的内容和主题，在乎你的听众以及演讲结果，或者你只是单纯地想成为一名优秀的演讲者。

与充满激情相反的是漠不关心。如果你觉得自己的演讲内容不仅无趣，而且还与自己毫不相关，那么听众可能也会有同样的感受。我知道有的内容可能更容易吸引听众，但实际上，所有的信息原本都是枯燥无味的，优秀的演讲者会赋予它们活力。如果你对自己演讲的主题不感兴趣，那么你就要想方设法地激发自己的兴趣。你可以在内容上稍加调整，加入些例子或故事。试着换位思考，从听众的角度去发现演讲的价值。想办法让你的演讲内容引人入胜、简单易懂。

可惜，激情不是一种技巧，我也没办法教会你如何富有激情。如果你讨厌目前的工作，觉得你这样做实在无趣，也许你需要的不是演讲技巧，而是去换一份工作。

幽默风趣

我想郑重其事地告诉你：想要让演讲精彩，你不一定非要变成喜剧演员那样。

许多演讲新手都会问我，是否需要讲笑话或者表现得很有趣。

没有什么比故作幽默更让人生厌的了——我相信不管你是不是真的富有幽默感，故作幽默都会让人生厌。

你要做的就是让你的材料生动起来，可以通过讲故事、分享自己的经历或者利用人格魅力来让你的演讲引人入胜。

一味地追求风趣会失去自己的风格。要认可并忠实于自己的风格，没准你完全有能力凭一己之力就让听众捧腹大笑。

活力十足

设想你喜欢你的工作，喜欢谈论数字，能看到你工作的价值，也为自己所做的事情兴奋不已。

但问题是，如果你只睡了两个小时，和爱人大吵了一架，还惹恼了你最重要的客户，而且演讲日期突然提前，你根本来不及好好准备。在这种情况下，你还要来参加这样一场演讲，怎么办？

我几乎都能看到你在大嚷："你在开玩笑吗，埃玛？"

我没有开玩笑，当你需要应对生活中各种事情时，还要腾出手准备演讲，这确非易事。不过你要做的就是，把这一切抛在脑后。

我就有过这样的经历，当时我在 MTV 工作。一开始我也是拒绝将一切抛在脑后的。因为我觉得将自己的生活抛之脑后，忘掉一切烦恼和担忧去演绎一场演讲，实在是太难了。我根本做不到。

过了一段时间，我才明白过来——听众对我的个人生活毫无兴趣，他们才不关心我经历着什么呢，因此我不能把自己的生活带到节目中。同样，今天我也不能把我的生活带进训练室。如果我这样做了，即便我表现得不那么明显，但是我的所做所说也一定会有所体现，听众肯定会有所觉察。

我必须将之抛诸脑后，设法以良好的状态走进这间屋子。在我演讲之前，我必须确保自己头脑清醒。

对此，我有两个办法：听音乐（我有专门准备的歌单），或是在演讲前花几分钟走到一边，厘清自己的思绪。

演讲者能决定全场的氛围。无论你正在经历什么，都应该让听众看到最好的你。

目光交流

我们通过眼神接触建立联系与信任。对那些不与我们进行目光交流的人，我们总是深感怀疑。因此，在演讲时，你一定要和听众进行有意义的目光交流。

这点说来容易做来难，因为在演讲时这样做有时候会让人分心。下面是人们目光交流效果不理想的 4 种原因：

- 否认听众存在。这类演讲者认为“如果我不看听众，就不会发现他们在看着我，那我就可以假装他们都不存在”。听众确实存在，而且都在看着你，所以你的确需要看向他们。
- 演讲时对着幻灯片。这类演讲者不面向听众而是全程对着幻灯片演讲（这和否认听众存在如出一辙）。
- 故意避免对视。这类演讲者会盯着房间后面的某个地方看，或者看着听众的额头，但就是不和听众对视。千万别这么做，这样做十分愚蠢，听众也都能看出来。
- 都是听众的错。当你看向听众时，有时候他们的动作会让你分神：他们或动来动去，或交叉着手臂，或看手机，或皱眉，或交谈，或面露困惑，或看起来烦躁不安，或深感无趣，或沉默，最讨厌的恐怕是他们坐在那里对你评头论足。目睹这些之后，难怪只是单纯地看向听众似乎都成了一项艰巨的任务。但是我们依旧需要与听众进行目光交流。

你应该看向听众，具体可以参照如下办法进行。

请确保自己面向听众。像灯塔一样，要与听众进行目光交流。慢慢扫视人群，从左至右或从右至左。在扫视过程中，要确保自己与每位听众都至少对视两秒。

一定要认真与每个人对视，让听众知道你是在意他们的。不要长时间盯着某个人看，这会让对方感到不自在。这一规则适用于各类场合，无论人多人少。不过如果听众较多的话，你可能没有时间跟每个人一一对视，这时请确保自己能照顾到会场的每个区域（见图 7-1）。

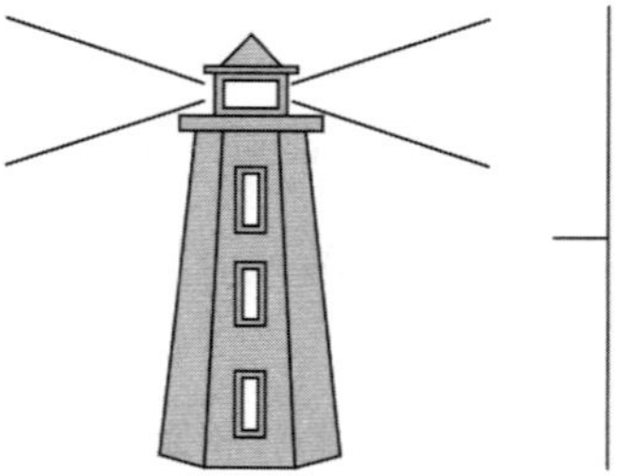

图 7-1　视线像灯塔一样

稳站如松——我的金科玉律

有很多书都在专门讲解肢体语言以及非言语交流的细微区别。不过说到肢体语言，我只想讲一点：不要让肢体语言喧宾夺主，不要让听众在离开时一直谈论你的肢体语言。

如果你的肢体语言很得体，那么听众压根不会注意到。因为一切都很自然，本来就应该是这样的；但如果你的肢体语言不得体，那这就会成为演讲结束后听众唯一记得并纷纷议论的内容。

关于肢体语言，我有一条非常简单的规则：不要让肢体语言分散听众的注意力。

下面这些肢体语言可能会分散听众的注意力：

- 演讲者绕着圈走动，不停地用脚尖敲击地面或者晃动身体。
- 演讲者扭动臀部，或者频繁变换身体重心。
- 演讲者随意在房间里走动。

正确的肢体语言示例：

- 演讲者应当稳站如松且始终面向听众（见图 7-2）。

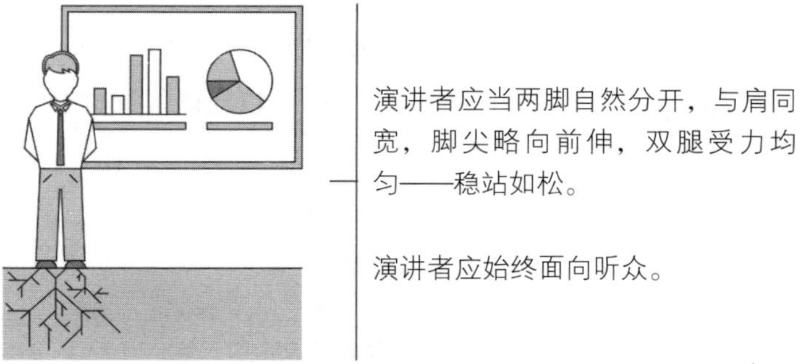

图 7-2　稳站如松

- 演讲者应当有目的地走动（比如走向活动挂图，走向房间的另一端，走进听众席去引起注意）。一旦到达目的地，演讲者就应继续站稳。

避免赘词

赘词是指“嗯……我觉得……呃……”演讲中都会出现的词语，大多数演讲者也不想说这些词，不过他们的确不知道要怎么杜绝这种行为。

你在演讲中使用的这类赘词、声音或短语，对听众来说其实都是障碍。你每使用一次，听众就会难受一次。赘词过多会让听众觉得你的演讲磕磕巴巴，让人反感。

在我看来，在日常演讲训练中，最大的挑战也是如何避免赘词的使用。人们知道自己说了这些词，但不知道如何去克服。有一些赘词是人们经常用到的（见图 7–3）：填充语气词，如，嗯、呃、啊、姆；填充无意义词语，如基本上、事实上、比如；填充无意义短语，如我觉得、你知道、我认为。

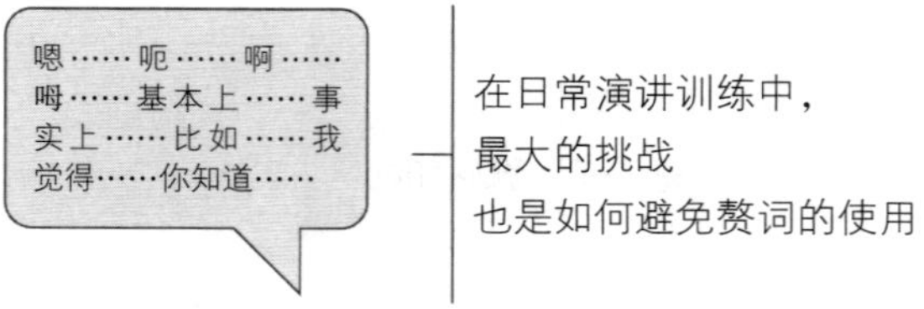

图 7–3　赘词

赘词的使用表明在你发言过程中有所犹豫，听众需要将这些赘词人为地过滤掉。但是重复或过度使用赘词将会降低听众对你的信任度。他们可能会认为你准备不充分、缺乏相关知识或者没有激情。

你可以轻易地辨别出这类词语。如果这些词出现在演讲过程中，却没有出现在演讲稿中，只是你口头上说了出来，那这就属于赘词。它们与演讲毫无关系，只是演讲者脱口而出的词，演讲者用它们来拖延时间，以想起自己原本打算说的话，回到最开始的思路，最后再将话补充完整。

那么我们为什么要使用这些并不能为演讲添彩反而会削弱信息、影响演讲整体效果的词语呢？

主要有以下三大原因：

- 我们在演讲时仍处于思考状态。因为我们并没有全部厘清思路，所以才会造成边说边想。根源在于我们准备不充分，未进行排练。
- 害怕沉默。在演讲时，你会感觉停顿 3 秒像停顿了 3 个小时。为避免出现这种由停顿造成的不适，演讲者会讲个不停。
- 我们并不确定自己在讲什么，所以这些赘词恰恰反映出我们对演讲话题的了解度——了解不够。

如何克服：

- 意识到问题。你必须注意到你正在使用哪些赘词，并且从上文找到原因所在。
- 要减少甚至彻底消除赘词，最简单、最有效的办法就是在正式演讲前至少大声练习 3 遍。这样一来，你就能思虑周全并顺利地进行演讲了。
- 使用停顿代替赘词。你可以在每次传达重要消息之前或之后稍稍停顿。停顿、吸气、呼气，大概也就两三秒时间。你可能需要一段时间才能适应这种沉默，但请你坚持下去。
- 你必须先对你的演讲主题了如指掌，之后才能和其他人交流。如果你连自己所讲的内容都不太清楚，那么其他人就更是雾里看花了。

一次一个关键信息——计划好停顿

本书前面也讲到了自我拯救——站在听众面前，我们总想尽快演讲完然后回到座位上去。你认为讲得越快，出差错的可能性越小。另外，可恶的听众还是会对你评头论足，所以你想越快结束越好。

可能你有许多东西要讲，但鉴于上述情况，你只能加快速度，赶紧讲完，对吧？再也不能这样做了（见图 7-4）。

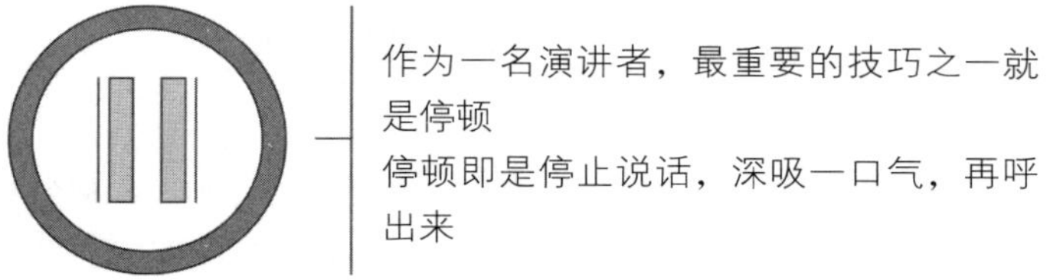

图 7-4　计划好停顿

在赘词部分我也讲到过，停顿通常持续 3 秒钟。这 3 秒可能像 3 个小时一样漫长。对演讲者来说，房间里的沉默难以让人接受（所以演讲者想要用声音填满每一秒）。

你的停顿是为了让听众有时间消化信息，是为了让自己有时间缓口气。你需要在演讲中纳入停顿，计划好停顿时机，并且事先演练。

大多数演讲者讲得也不快，他们只是不允许在关键信息之间出现任何空档。因此你需要做到以下方面：

- 你需要在演讲前停顿，以确保听众都已做好聆听演讲的准备；
- 在每一条关键信息之前或者之后稍适停顿；
- 在放一张幻灯片让听众去看时，你需要停顿。

排练——演讲成功的秘诀

演讲中最容易被忽视的就是排练的必要性。事实上，演讲者只有在忘词或者说错话时才想起排练是多么重要。那时，他们的演讲里夹杂着很多“嗯、啊”之词，大脑在巨大压力之下费力挣扎着，想要找到合适的词来表达自己的意思。原本只需要用两句话就能表达清楚的，他们要说 20 句才可以，这都是因为他们找不到最直接、最言简意赅的方式让听众明白——原因在于他们没有排练。

为什么要排练

理由如下：戴维·韦纳（David Weiner）写了很多本十分畅销的心理类书籍，在最新的一本《大脑知道，但就是不告诉你》（*What Your Mind Knows, But Isn't*）书里，他这样写道：现有临床研究找到了生理原因，证明排练的确非常重要，花几个小时大声练习能让你成为一名自信的演讲者。

韦纳还写道：研究还表明，熟能生巧有两大原因。第一，当你在练习时——无论是商业类、销售类还是科学类演讲，抑或贝多芬的《月光奏鸣曲》——其实就是在自己的脑子里留下了它的轨迹。如果不排练，那么你的大脑将会有成千上万条轨迹可供选择。第二，排练减少了可能性。多次重复你的演讲，那么可供你选择的轨迹就会剩下 8~10 种。大脑知道你想做什么，所以你会更加确切。

实战演练

实战演练指的是在演讲前，使用你的幻灯片来演练，要真正地站起来大声说出每个词，不能跳过任何细节。在床上或者乘坐交通工具时浏览笔记或者幻灯片算不上真正的排练（见图 7-5）。

图 7-5 实战演练

关于排练的规则这里提供了“成功七步法”：

- 至少排练 3 遍；
- 不能只是在脑子里过一遍，要大声排练；
- 排练时要使用你的幻灯片和其他道具；
- 想办法到演讲现场进行一次排练；
- 在房间后部感受一下，以确保后排也能看得清、听得到；
- 提前到场（至少提前 30 分钟）；

- 提前 24 小时检查所有设备，带好备份，想好备用计划。

我的手——我要怎么放

想象一下，我刚演讲了一个小时。这场演讲我花了两周的时间准备和排练，刚才我已详细介绍了演讲三步法。我将负面情绪都抛之脑后，激情洋溢地发表了演讲（我自认为的确如此）。虽然我很累，但也很快乐。

就这场演讲的主题——好的演讲应该有怎样的原创性和内容，我已经说得很清楚了。于是就进入问答环节。我屏息等待着，期待得到听众的反馈，期待看到我传递的信息为他们所接受。第一个问题是：你好，埃玛，你讲得很好，但是演讲时我的手该怎么放？事实上数百万的人都在担心这个问题。和肢体语言一样，关于手势以及演讲时手应该做什么，这是可以写成一本书的。

关于演讲时手应该怎么放，我觉得对待肢体语言的原则也同样适用（见图 7-6）。

不应该让听众在离开时一直谈论你的手势：如果你的手势得当，那么听众根本不会注意到，这也是你最好的状态；如果你的手势分散了听众的注意力或者手势运用不到位，那么演讲结束后，听众所谈论的全部内容就是你的手势而非你的演讲。这显然不是我们想要的结果。

图 7-6　不要让手势喧宾夺主

不要因为你的手部动作分散听众注意力。下面这些手势会分散听众注意力：

- 双手随意晃动；
- 由于紧张而不断地重复某些动作（比如摸脸或者摸头发）；
- 手放在臀部或者双手插兜；
- 不停地按动手中的笔或心不在焉地玩手里的笔；
- 一直拿着演讲笔记不知所措、心不在焉。

做出正确的手势应遵循以下原则：

- 最重要的是要顺其自然。有的人手势很多，有的人习惯不用任何手势。这两种做法不分优劣，只要不分散听众的注意力就行；
- 通过反馈或者自己观察录像注意自己的动作；

- 在不需要做手势或使用视觉辅助工具时，请将双手置于身体两侧；
- 关键在于练习，通过练习，你就会更加习惯，这是一种充满自信的开放式站姿；
- 手势要靠肩部力量带动，不能只靠手腕活动。

焦虑——请远离紧张不安的状态

读者们，如果你有办法让我不再紧张，请立刻联系我！

我登台演讲了 20 多年，但时至今日还是会很紧张。

总的来说，我的紧张程度取决于我和听众的熟悉程度。越是在熟人面前演讲，我越会紧张。我更喜欢在陌生人面前演讲。

我已将紧张视为工作的一部分。在电视台工作的时候，如果我在上镜时感觉十分惬意，那恰恰是我表现得最糟糕的时候。我不喜欢紧张的感觉，但我知道它可能对我有帮助，因此如果我不觉得紧张了，那我就会很担心自己的表现。

我从不去关注自己的紧张情绪，甚至都不去想它。因为我知道它会始终相伴左右。因此，我会竭尽全力地做好准备工作，以让自己能够顺利地度过一场重要演讲的开篇部分，也就是最紧张的时候。

当我极其紧张，无法保持冷静时，通常有两个办法可以帮到我：直面恐惧情绪，有意调节呼吸。

其科学依据是：焦虑、紧张等情绪是我们身体在危机情形下做出的有效反应；血液中肾上腺素激增，使得我们可以顺利地去战或逃，通常有危险发生或者我们认为有危险发生时（实际上并没有危险），这是人类的身体警报和生存机制。

这种情况也发生在演讲时，尤其是当你开口说话前几分钟。这只能说明你的内在生存机制无法区分生死攸关的紧急情况和一场演讲。在一屋子人面前丢脸对于你的自尊心而言可能就是“生死攸关的大问题”，所以你才会有如此强烈的感受。

要缓解紧张情绪，首先你要注意到这种反应，并且明白为什么会这样。你的身体只是通过制造紧张情绪告诉你，这件事很重要，你不想把它搞砸。

在演讲前，人们头脑中通常会出现这些想法：

- 这是生死攸关的大事；
- 最糟糕的事情就要发生了，我会颜面扫地的；
- 我应付不了，我会做得一塌糊涂。

生理感受——肾上腺素反应

当有威胁或者危险出现时，或者我们认为有威胁、危险出现时，身体的生存机制就会迅速做出反应。这让我们想反抗或者逃跑（见图 7-7）。因此，我们会注意到身体有许多应激反应。

当有威胁或者危险出现时，或者我们认为有威胁、危险出现时，身体的生存机制就会迅速做出反应

图 7-7　危险让我们想战斗或者逃跑

- 心跳加速。这有助于血液快速流向需要的地方——比如腿，以便我们跑得更快；胳膊，以便我们可以攻击（战斗）；肺，以增加体力。同时，血液会从不需要的地方流走，如手指、脚趾和皮肤。这些变化就会让人感到激动、寒冷或者麻木。
- 呼吸加快。这有助于血液将氧气带向胳膊、腿和肺，同时也会给我们带来更多能量。但也会产生副作用，如胸痛、呼吸急促甚至窒息。因为头部供血及供氧量减少，我们会感到头晕目眩，甚至可能出现视线模糊。
- 流汗。这有助于肌肉及身体降温，防止过热。根据人的

"战或逃"反应，流汗还能让人不会轻易被敌人抓住。

- 消化不良。因为在面对危险时，消化不那么重要，因此消化系统会放慢速度以留存能量供向最需要的地方。其副作用有恶心、心慌和口干等。

演讲时你可能会：自言自语或自我批评，摆弄衣服、头发或者首饰，避免与听众进行眼神交流，身体重心来回更换，语速过快，坐立不安。

你会用很多诸如此类的行为来掩饰自己的不安，但这些行为只会暴露你的恐惧感。

关于演讲，你的想法是什么

消极的想法只会让人更容易失败，甚至就此放弃努力。

是我们为自己设限从而无法挖掘自己的潜力。我们脑海里总有个消极的声音不停地告诉自己：你一定会失败，并且列举了失败的各种原因。消极的想法总是会找到凭据自我验证。消极的想法会让人表现得消极，因此，人们得到的结果必然不好：消极想法＝负面情绪＝失败的行为＝强化版的消极想法（见图 7-8）。

演讲者的消极想法包括以下方面：

- 有人天生适合演讲，后天的努力无济于事；

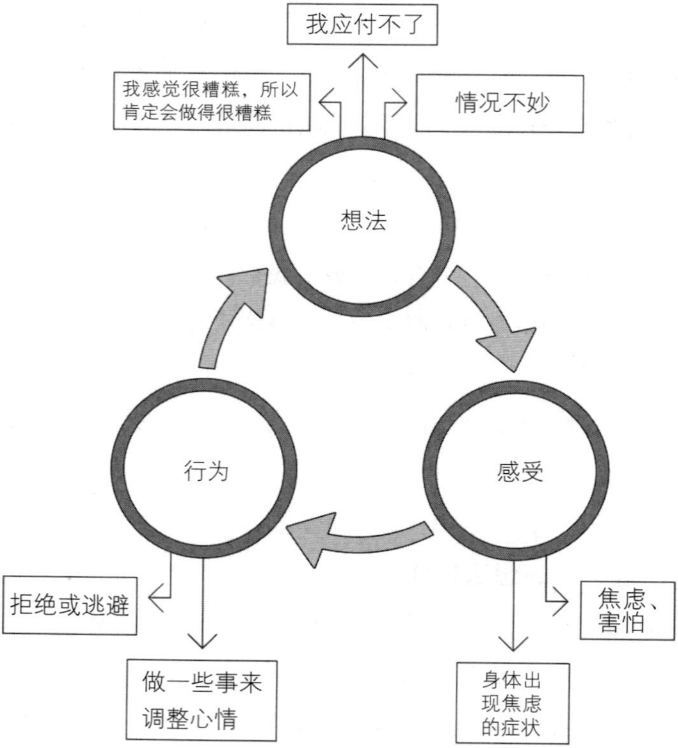

图 7–8　演讲者的消极想法

- 我根本不擅长这个；
- 如果我起身演讲，我会做得一塌糊涂；
- 我讨厌演讲，我做不了演讲；
- 我没有时间准备演讲，不过就这样吧，反正真正擅长演讲的人不需要准备。

演讲者的消极的行为包括以下方面：

- 不做准备；
- 临阵磨枪；
- 准备期间只关注如何迅速完成演讲，而是不站在听众的角度思考问题。

听众和演讲者的感受包括以下方面：

- 演讲者紧张不安、毫无准备、关注点本末倒置；
- 听众毫无参与感；
- 得到消极反馈。

这些情况进而又强化了消极想法。要改变结果，你必须改变想法，认真准备。

在思想上如何应对紧张情绪

请稍适停顿，深呼吸，面对紧张情绪时不要让自己产生惯性行为。问问自己这几个问题：

- 是什么让我做出如此反应？
- 我认为将会发生什么？
- 这是事实还是个人观点？
- 最坏（最好）的情况是什么，最有可能发生什么事情？
- 我是否过分夸大这件事了？
- 这件事究竟有多重要，6 个月后又会有多重要？
- 我是否高估了其危险性？
- 我是否低估了自己的能力？
- 我是否在关注别人对此的想法？
- 能否换种方式看待该问题？
- 换作别人正经历这种情况，我会提出什么建议？
- 我是否给自己太大压力了？
- 虽然自己感觉糟糕，但事实不一定糟糕。

思考上述问题可能会让你明白，实际情况远没有你想的那么可怕。

身体如何应对紧张情绪

试着让自己平静下来，进行正念呼吸——这一行为有助于降低你身体的各种感受和思想压力，有助于缓解你的情绪。

何为正念呼吸？当你紧张不安时，把你的思想看成一只初来乍到的小狗，你需要教会它大小便。于是你找了一块地方，给它拿了张纸，还带它熟悉了这个地方。小狗第一次就做对的概率有多大？概率为零。小狗会去各种你禁止它去的地方瞎逛，你还得一次次把它放回指定的地方。

这就和你在演讲前努力让自己平静下来一样。你的思想就像这只小狗，当你演讲时，它对各种可能的结果及危险充满了好奇。你必须想方设法地把它带回到一个冷静、充满信心的地方。通过正念呼吸你就能做到这一点，操作十分简单：

- 在你候场准备演讲时，请留心自己的呼吸节奏。不必刻意调整呼吸节奏。
- 当大脑开始胡思乱想时，只需要把让你分心的事情记下来，然后将注意力慢慢转移到呼吸上去。
- 如果你想的话，也可以在吸气或者呼气时数 10 个数。如果中途你开小差了，那就从头开始。

笔记——可以使用笔记吗

你可以使用笔记，并且应当使用，以防中途卡壳，毕竟每位演讲者都有忘词的时候。但是，想要正确地使用笔记，你就得考虑下列几点：

- 如果要使用笔记，请大方使用。你无须躲躲藏藏，假装自己没有使用。请记住，你所做的一切都逃不过听众的双眼。
- 你可以看笔记，最好是在你刚放完一张新的幻灯片的时候，因为此时听众正在看幻灯片。这时，你也可以喝口水——别忘了这件事你也可以做。
- 笔记应当经过精心准备。笔记应该很容易识别，字号要足够大，尽量不要用句子——试着用一个词提示你想讲的某个点。笔记不应该和文章一样，因为那样一来，你就会在演讲过程中一直看着笔记，会只见树木不见森林，错过更为重要的东西。
- 笔记应当使用简单的卡片或是A4纸即可。不要把笔记订在一起，因为翻页等很容易分散注意力，也容易让听众觉得你很邋遢。散着放即可，每用完一张就放在一边，确保每张都编好号，以防自己找不到顺序。
- 笔记应在你目光所及之处。最好将笔记放在你的前方，这样你的视线稍微往下便能看到，不需要你把头完全低下去。如果你需要完全把头埋下去才能看到，那么听众就听不清你讲话了，而且只能看到你的头顶了。

信心——如何胸有成竹

演讲经验有限的人总会跟我说他们缺乏自信。他们在演讲时会感觉自己很脆弱，没有安全感。由于缺乏演讲经验，他们从演讲当中感受到的只有恐惧。抱歉，对此我还真没有什么灵丹妙药（见图 7–9）。

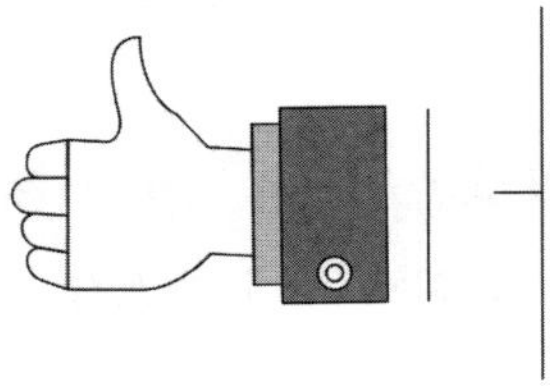

图 7–9　自信的来源

我们对自己擅长的事总是充满自信。我们之所以擅长是因为我们曾经非常努力，进而觉得信心满满。想一想你深感自信的事——我敢肯定你必然为之付出了很多努力。

自信无法轻易获得，也不可能凭空得到。要真正变得自信也没有捷径可走。作为演讲者，你缺乏自信可能是因为：缺乏经验（技巧），准备工作不恰当或者不充分（因此没有资格感到自信）。为此你要尽力获取更多经验，不断提升技巧，或者尽可能准备充分，这样你就会感觉更加自信。

期待未知——如何应对听众提出的问题

如果听众问了一个我不会的问题，怎么办？我相信这对许多演讲者来说都是噩梦。面对这种情况该怎么办？让我告诉你吧。

- 我敢肯定，这样的情况一定会发生。
- 你并非无所不知。如果你此前并不这样认为，那真是不好意思了。
- 你可以说自己不知道或者也可以试着胡乱编造一个答案（你见过别人乱说一气吗？简直一塌糊涂）。不管怎样，听众都明白你不知道答案。
- 你必须承认自己不知道答案。解释一下原因，并告诉他们你一定会在限定时间内帮他们找到答案。
- 你必须处理好自己的焦虑情绪，不要觉得自己暴露在众目睽睽之下了。这只是你自己的感觉，听众并不这样认为。

在筹备演讲时也要做好准备回答听众的提问。我知道，你不可能事先猜到所有问题，但基于你对听众的分析，也能略知一二。在准备问题时，将以下内容写下来：

- 你认为会最有可能被问到的问题；

■ 你认为很难回答的问题；
■ 你最害怕被问到的一个问题。

下面的模板可能会对你准备问题有所帮助。你也许可以和别人一起想想该如何作答，这样可以避免由于你对演讲主题太熟悉而无法从听众的角度来考虑的问题（见表 7-1）。

表 7-1　问题模板

容易被问到的问题	难以回答的问题
1	1
2	2
3	3
4	4
5	5
6	6
7	7
8	8
9	9
10	10
我最害怕的问题是什么？	

最后，如果当被问到自己十分有把握的问题时，你可以遵循下列方法：

- 询问这位听众的名字；
- 向其他听众重复或解读这个问题；
- 回答问题；
- 询问这位听众对答案的满意度；
- 感谢这位听众。

第七章

要点总结

技能目标：

像灯塔一样与他人进行目光交流，确保自己从左至右缓慢移动视线。

演讲者应当两脚自然分开，与肩同宽，脚尖略向前伸，双腿受力均匀——稳站如松，演讲者应始终面向听众。

作为一名演讲者，最重要的技巧之一就是停顿。停顿即是停止说话，深吸一口气，再呼出来。

为了让你的听众毫不费力，一听就懂，你至少需要排练 3 遍。

第八章

网络演讲

我们这个时代最伟大的神话便是科技即交流。

——利比·拉森（Libby Larsen）

现如今，越来越多的人都在通过网络进行演讲。

跨国公司在世界各地设有多个办事处，这种公司希望员工们携手合作，这是网络会议及演讲兴起的原因之一。这种沟通方式日益流行的另一个原因是：你不需要掏一分差旅费就能够接触到世界各地成千上万的人，并与形形色色的听众建立联系。

网络演讲能够高效传递信息，但它也会带来全新的挑战，并要求演讲者具备更高明的演讲技艺。

现场演讲与网络演讲

就沟通这一层面而言，现场演讲是最有效的互动方式。这时，你有绝佳的机会与听众沟通并说服他们。尽管网络演讲现代前卫、含金量高，但永远不会像现场演讲那样有人情味或自然亲切。那么其原因何在呢？

加利福尼亚大学洛杉矶分校心理学教授阿尔伯特·梅拉比（Albert Mehrabian）博士曾在1967年进行一项著名研究（http://

www.toolshero.com/communication-skills/communication-model-mehrabian/），其研究结果见图 8-1。

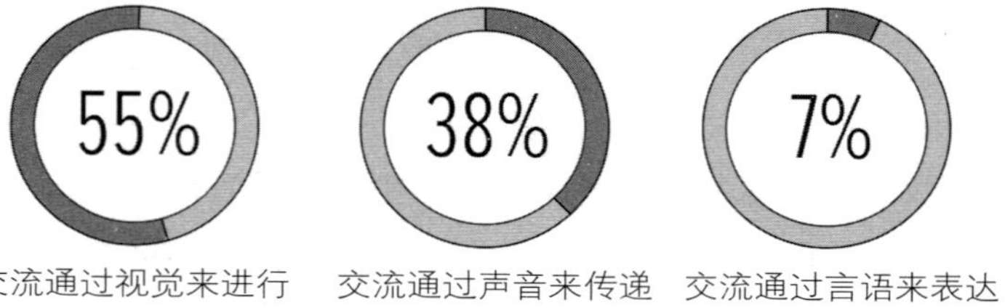

图 8-1　研究结果

诸多领域都涉及这项研究，不幸的是，过去它却为人曲解。这项研究并不是否定你所言之物的重要性。该研究的意义简言之如下：

- 在沟通过程中，人们通过 3 种方式来接收我们要传达的信息，即我们的肢体语言、语调以及遣词造句。
- 若想进行有效沟通，以上 3 种方式务必同步进行。如果三者未同步，那么听众接收到的信息则是混乱的。比如，我说我很激动，然而我却一边轻描淡写地说着一边耸耸肩膀。
- 我们的非语言暗示与我们的实际话语共同传递我们所要传达的信息。

在面对面交流时，只要演讲者所传达的信息、话语表达与肢体语言均围绕同一件事情，那么这样的交流很有可能会成功。在虚拟环境中，这些因素无法全部呈现出来（可能只是以音频的形式呈现），又或者即使听众可以看到你，你的非语言暗示也会受到技术和距离的影响。这就是为什么说网络演讲对于演讲者和听众来说都非常具有挑战性。

网络演讲不应取代现场演讲。在某些情况下，有些高度复杂的演讲需要进行互动，此类演讲需要以面对面的方式开展，并且演讲者和听众都会从中受益。然而，在现代人的技能包中，网络演讲是一个非常重要的工具。掌握这一媒介对你而言将是一个巨大的优势，因为它是未来的发展趋势。

好消息是：现场演讲的各项规则同样适用于网络演讲。准备一场网络演讲与准备传统的面对面演讲并无区别。二者只是呈现方式不同（见图 8-2）。

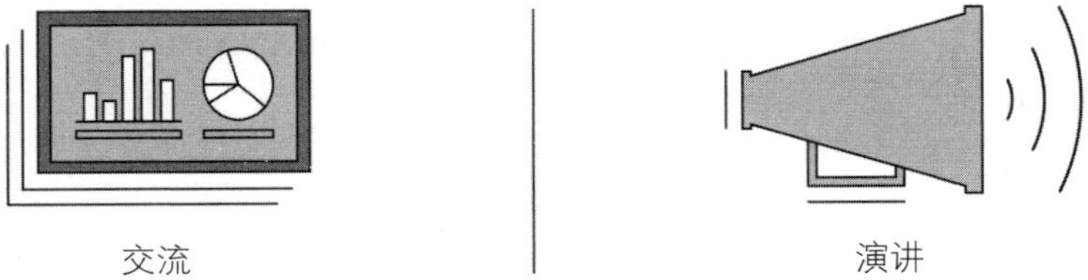

图 8-2　交流和演讲

网络演讲的 5 个技巧

以下是我就网络演讲给出的 5 个技巧：

- 采用听众中心型演讲方式开场；
- 熟悉设备技术；
- 巧借媒体之力；
- 清除干扰项；
- 把握好时间。

1. 采用听众中心型演讲方式开场

有糟糕的现场演讲，同样也有糟糕的网络演讲。无论演讲者个人有什么样的美好设想，都将会被技术抹杀。网络演讲第一步的准备工作与现场演讲的准备工作完全相同。采用听众中心型演讲方式。你需要：剖析听众，谋篇布局，设计视觉辅助。

准备一场成功的网络演讲与一场成功的现场演讲的关键点相同，如下：

- 明确演讲目的，明白如何适时地使用笔记，之后就是不断地演练。
- 演讲故事要让听众拍手叫好，引用与之密切相关的事例，让听众能真正理解。

- 你要有饱满的热情，控制好幻灯片，开篇引人注目，结尾强劲有力。

2. 熟悉设备技术

在我参加过的各种网络会议或者演讲中，几乎都会出现这样或那样的技术故障——我没有和你开玩笑。不管我使用了什么技术、曾用过多少次、准备有多充分、有多少人在线等待，甚至有程序员在旁边随时待命，还是会出现各种问题。我还能列举一些别人的例子。迄今为止，我参加过的网络演讲或会议全都出现过类似的技术故障。可预见的技术故障包括以下方面：

- 拨号故障——在演讲之前，你提前30分钟进行调测时设备还可以正常使用，上周也正常，演讲结束后也变得正常了，但是就在你最需要用的时候它掉链子了。
- 声音出问题——可能是你的声音或者其他人的声音。可能旁边有个建筑工地，又可能有人在耳边闲聊。在演讲现场也可能有人不会用或者不愿意用静音键。
- 当然，演讲越重要，出错的可能性就越大——这一定是某种因果效应。

下面是关于网络演讲的一项调查结果（见图 8-3）。

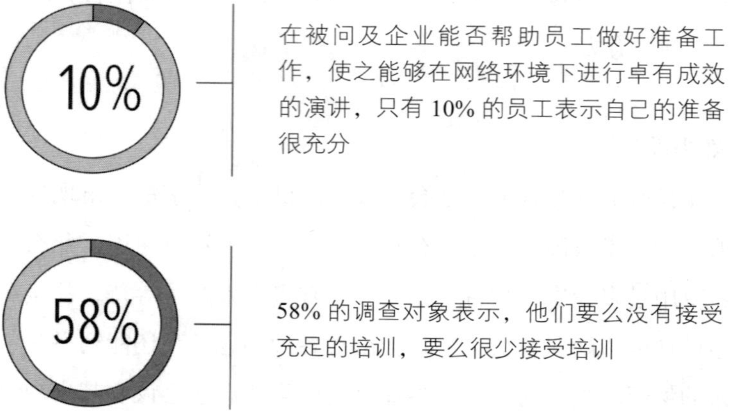

图 8-3　调查结果

提要：很多公司的管理者会给他们的销售员一个网络会议的登录账号，一份幻灯片文档，拍拍他们肩膀，就这样把他们派出去做事。之后这些管理者还百思不得其解：为什么他们开的会越来越多，但是订单量却丝毫不见起色。

精通网络技术是你作为一个成功的网络演讲者的关键。如果你不管如何操作都感觉束手束脚的话，那么你和听众就会把注意力放在如何让它正常运行上面，从而破坏了演讲的流畅性，使演讲的效果大打折扣。

随着各项技术和各种平台遍地生花，我无法为你提供技术培训，但我想给你一份网络演讲准备清单，为你保驾护航，以确保你操作任何网络技术不出纰漏。你需要确认如下清单（见表8-1）：

表 8-1　网络演讲检查清单

○ 所有听众都有相应的设备以接收演讲内容
○ 事先调试好设备，并进行了二次确认
○ 做好备用计划以应对演讲中出现的设备故障等问题
○ 如有需要，安排好技术支持人员
○ 如有需要，能用不同的工具重新发送邀请或重新启动
○ 所有设备都已充好电
○ 如有需要，我已准备了电源线和适配器
○ 如有需要，我已准备了麦克风
○ 我可以连接无线网络，并正常使用
○ 演讲之前进行模拟演练，检查全部环节
○ 检查内容、字体以及演讲格式是否与设备兼容
○ 演讲内容在优盘或移动硬盘做好备份，以防万一
○ 由于参会成员遍布各地，我会保证会议尽量高效地完成
○ 我已在会前发出会议议程
○ 我在会议刚开始时会一一点名
○ 如需进行屏幕共享时，我的电脑桌面整洁有序
○ 我给出一个提问—回答环节，使每个人可以达成共识
○ 我在意每个人的时间，因此会议会准时开始、准时结束

3. 巧借媒体之力

实际上，网络演讲与电视节目主持人没什么两样。因此，我想从媒体角度给你的网络演讲提供一些技巧。

- 保持微笑，因为每个人都能听到你的声音。当我做流行音乐节目主持人时，每个工作室都有一个牌子，上面写道：微笑，因为每个人都能听到你的声音。也就是你在演讲期间要昂首挺胸地站立，保持微笑，看上去精力充沛一些。因为虽然听众看不到你，但是他们可以听到你的微笑。
- 直视镜头。目光交流对于建立联系和信任来说是必不可少的（见图 8-4）。我在电视台工作时，有人告诉我们镜头就像一张脸。想象一下两只眼睛一张嘴。我们要一直盯着眼睛看，这样会让观众觉得你是在看他们。

图 8-4　直视镜头

- 相信你的麦克风。不得不承认，在网络演讲时我仍然要控制自己不要大喊大叫，无论面向的是新加坡人、森尼韦尔人或西班牙人，我总觉得自己说话的声音需要比与他们面对面演讲时大得多。

在网络演讲中，你的声音是你最好的朋友。放慢语速、适时停顿、发音到位，充分展示你的激情，并且要相信房间里的麦克风在正常运作。

4. 清除干扰项

清除干扰项是重中之重。如果听众中有人发出一些不必要的噪声，可能会使人分心。我曾经历过的干扰项包括（排名不分先后）：打字、刷碗、咳嗽、和孩子谈话、打嗝、和狗狗讲话、呼吸声重、风声、闲谈、电脑的嘀嘀声、发短信、笑声。

这样做的目的是让你的电脑和周围的环境完全不受声音的影响，因为这些声音会让你的听众感到烦躁，使其无法专注于你的演讲。你可以让听众在他们发言结束后使用静音按钮，这样便可解决这一问题。

5. 把握好时间

与现场演讲不同，网络演讲参与者可能分布在多个时区。在安排演讲时，你需要考虑到这一点：注意不同时区的听众通常休息或吃饭的时间，尽量安排一个所有人都方便的时间进行演讲（见图 8-5）。

图 8-5　把握时间

另外，说到时间，要确保尊重参加者的时间。每个人的时间都很紧张，所以你有责任尽可能有效地利用时间，就如同在现场演讲一样。

网络演讲是一项了不起的技术进步，它将全世界的人们紧密地联系在一起。

第八章

要点总结

请谨记：

作为演讲者，你必须真正做到在交流中建立联系

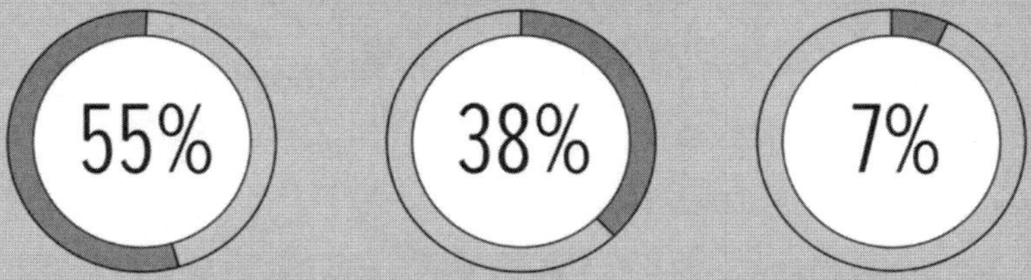

交流通过视觉来进行

交流通过声音来传递

交流通过言语来表达

第九章

力争成为世界一流的演讲者

把今天的事情做到最好，就是对明天最好的准备。

——H. 杰克逊·布朗（Jackson Brown）

为了打造一场条理清晰、影响深远的演讲，也为了使作为演讲者的你充满自信，你必须规划时间对演讲进行调研、润色、组织、充实、写讲稿及排练。最优秀的演讲者会花时间去做这些事情，而这就是他们能够超于常人的原因所在。

演讲成功没有捷径

过去的10年里，由于工作原因，我曾接触过数千名演讲者。他们有一个通病——都没有高效地进行演讲筹备。

我发现主要原因有三点（见图9-1）：相信都市神话，准备时南辕北辙，没有足够的时间。

图 9–1　演讲的成功之路上没有捷径

相信都市神话

很多人都十分笃定这样一个误区：你不需要太多准备甚至完全不用准备，就可以做一场精妙绝伦的演讲。我可以这样说，如果你的做法如下，那你永远也不能成为一位出色的演讲者：

- 在演讲前一晚匆匆拼凑出幻灯片，第二天早上在公交车或火车上浏览一遍。
- 拾人牙慧，直接拿别人的演讲内容来讲。
- 在系统中选取 3 份幻灯片，每份中选取一部分幻灯片，将其拼凑为自己的演讲内容，事实上，这场演讲是属于另外 3 个人的。

如果你符合了我以上所描述的行为，那么在观众眼中你是这样的：

- 你的演讲被幻灯片牵着鼻子走。
- 你全程都在照本宣科地对你的幻灯片做演讲，而非面向听众。
- 你的话语单调乏味，缺乏停顿，毫无起伏，因为你只是在朗读而不是演讲。
- 你和听众无眼神交流，你全部的注意力都集中在幻灯片上。
- 你的肢体语言在表达“我不想待在这里”，因为当你切换幻灯片或看笔记时，还心不在焉地玩着激光笔或遥控器。
- 幻灯片上满屏都是项目符号或者大长句。
- 演讲缺乏逻辑结构，你说得太多太快，导致信息量过大。
- 演讲没有条理性，结构混乱。

即席演讲

“我们的总裁演讲前从不准备，站起来就能出口成章。如果他能做到，为什么我不能？”我经常听到诸如此类的辩解。人们总会认为，公司里某个人做演讲时不需要提前做准备，因此大家也根本不需要提前准备。而这些高层自身也支持这一观点，他们认为自己身居高位，发言前的准备工作对于他们这个层次的人来说似乎是多余的。这听起来的确有道理。共实，在我曾就职的大多数公司里，那些所谓的可以即席演讲的人要花 2~4 个小时与我一起准备演讲。他们只是不与人说罢了。

女生的骗术

我上学时班里有个女孩，她说自己从来不会为了考试而学习。尽管如此，她依然常常得到全优。这让我大为不解，因为如果我不学习的话，我的成绩就会很差。那时，我从未怀疑过她也许在骗我——实际上，我认为她比我聪明。

我花了很长时间才认识到自己的错误。一个学生不学习就能拿到全优是不可能的事。同样，一位准备不充分的演讲者，却能做到侃侃而谈（很像脱稿演讲），并能成功传递信息，这也是不可能的。他们看起来像是即席演讲或者泰然自若，这只不过是因为他们做足了准备工作，才可以呈现出那样的状态。

为了成功地进行演讲，演讲者必须进行充分有效的准备。上学时我并不明白这一事实，那时我认为（或者说希望）可以不用努力就能拿到全优。同样，现在我每天都能遇到不理解这一现实并仍希望不做准备就能使演讲大获全胜的人。

如何成为世界一流的演讲者——杰出的演讲者就像伟大的音乐家和运动员一样，非常努力，这也是他们能够脱颖而出的原因

心理学家 K. 安德斯·艾瑞克森（K. Anders Ericsson）以及他

的两名同事在柏林音乐学院教授们的帮助下，将学生小提琴手分为三组：有潜力成为世界级的小提琴独奏家；表现出色，但不太可能在专业层面有所成就；可能成为音乐教师。

每个小提琴家都被问过相同的问题："从你第一次拿起小提琴算起，在你整个职业生涯中，你一共练习了多少小时？"

所有人几乎都是在 5 岁左右开始学小提琴的，在刚开始的几年中，每人每周平均练习 2~3 个小时。到了 8 岁，对那些后来最有可能成为世界级演奏家的人来说，练习的量发生了变化。这些人把他们的练习时间从每周的 3 小时增加到每周 30 小时，并一直持续到 20 岁。此时这些最优秀的演奏者每人累计练习时长约为 10 000 个小时，那些出色的学生累计练习时长为 8 000 个小时，未来当音乐老师的人累计练习时长仅有 4 000 个小时。

他们针对业余钢琴家和职业钢琴家进行了同样的研究。结果显示，业余钢琴家在幼年时期每周练习量从未超过 3 个小时，到 20 岁时，累计练习 2 000 个小时。而职业钢琴家会随着年龄的增长而增加练习量，到了 20 岁时，其累计练习时长达 10 000 个小时。

艾瑞克森的研究指出："天赋异禀"是不存在的，没有任何音乐家可以不费吹灰之力、不勤加练习就能达到巅峰。

这项研究表明，只要一个人有能力进入音乐学院，那么拉开他和其他演奏者之间差距的根源在于他的努力程度。仅此而已。

站在金字塔尖的人往往比其他人付出了更多的努力。

媒体专业人士如何准备

在我刚工作时，我曾在BBC做过节目主持人，主持《活蹦乱跳》（*Live and Kicking*）节目。这是一档3小时的直播节目，在9月到次年5月的每周六播出。我们主持两个小时，再加上其他在节目中展播的内容一共3小时。节目播出的这9个月以来，我们每天的准备工作都严格地保持一致。

星期四：7个小时

《活蹦乱跳》节目的筹备工作在每周四中午正式拉开序幕。我、我的搭档主持史蒂芬，还有制片人及编辑都在会议室集合，每个人都会拿到一份名为节目流程表的文件。这份文件详细地展示了每期节目将会如何进行，我们会进行哪些比赛、采访和游戏以及其具体顺序。接着，我们会仔细研究如何使这些内容及活动变得生动活泼。制片人要想尽办法使每项活动都得以正常开展，而作为主持人，我和史蒂芬必须弄清楚我们自身能使某个采访或项目达到一个什么样的效果。这场会议大概持续7个小时之久。

周四晚：两个小时

周四晚上回到家我就开始构思节目内容，思考节目每部分内容该如何引入和如何结尾。这些工作要占用我两个小时的时间。

周五：11 个小时

周五我们从早 8 点到晚 7 点，一整天都在彩排。我们在演播室把整个节目流程彩排两遍，其中部分节目的彩排次数更多。制片团队对我们现场的所有言谈举止及互相配合的方式进行指导和点评。

周五晚：两个小时

周五晚上，我会抽出两个小时来坐在沙发上，大声朗读稿子，尽力串台词，以确保所有内容都连贯流畅。

周六：4 个小时

做完发型、化好妆之后，我们要把整个节目再串一遍。即使在直播过程中，在我们未上场之前，我们仍然要继续排练接下来的节目。

节目结束之后或者第二天，我会坐下来观看整场节目的录像。这不是件容易的事，而且我很少喜欢节目呈现出的最终效果，但重要的是我能看到自己的表现，而不仅仅是靠自我感觉。

出乎我意料的是，我的感觉很不靠谱。很多次在周六回放录像前，我都感觉没有信心，但我在回看时又惊喜地发现，观众几乎察觉不到。同样，也有很多时候我感觉信心爆棚，但我再次回看时，却发现实际上那天的节目里我还是缺少一些灵气。

周一：4 个小时

周一下午 2 点，节目播出拿到收视率后还要开会。这时我们会把 3 小时的节目分成 15 分钟一部分，这样我们能具体地知道谁看了哪一部分。接着我们详细地回顾每一节，总结经验教训。

这些都是持续进行从不中断的。连续 9 个月，无一例外，这就是我每周准备《活蹦乱跳》节目时的日程。和你们说这些，是因为我希望你们了解在专业的演讲环境中，我们所采取的一贯的准备方法。我们从不会由于熟悉节目内容或者做节目有一段时间了就让自己有所放松（见表 9-1）。

表 9-1　每周日程表

周四	7 个小时	共计 30 小时
周四晚	两个小时	
周五	11 个小时	
周五晚	两个小时	
周六早	3 个小时	
周六节目	1 个小时	
周一汇报	4 个小时	

准备方法不当

很多人告诉我，他们花大量的时间去思考和计划他们的演讲。起初听到这些我很兴奋，但随后他们解释说是在大脑里进行这些准备的，听到这我就大失所望，这可是最糟糕的准备方式。

在大脑里，你对一切都了如指掌，永不会出现“嗯”和“啊”这样的口头语，永远不会出现大脑空白，永远不会紧张，你的表现也会十分优异。

在头脑中准备演讲就像你试着在自行车上学开车——简直是疯了，最终只会徒劳无功。

在头脑中准备演讲并不是唯一有问题的准备方法。另一个非常普遍的方法是把你想要说的每个字都写下来，就像一篇作文，然后你逐字背诵。这种方法的问题是你会努力想着把每个单词都按正确顺序说出来，从而无法使听众参与其中。你最担心的是漏掉某个字。因为你已经准备好了一份逐字操作的讲稿，而且已经背下来了。但这种恐惧很有可能变为事实。

你用错了准备方式这不是你的错。在高中、大学甚至在工作后，都没有人教过我们该如何正确准备并发表演讲。如果你能花些时间为你和你的听众做准备，那就已经很棒了。本书的目的就是通过介绍三步演讲法，以确保你可以有效地利用时间，最终使演讲大获全胜。

没有足够的时间

这是我所听到的人们在解释自己没有提前准备时最常用的借口。

我知道读者当中有人为了完成工作要求，需要每天工作 12 小时；我也知道你们喜欢在每个晚上和周末与爱人和孩子共度时光。同样，我也知道你们想准备，但问题是时间不够。对于许多专业人士来说，找时间准备演讲也是一项巨大的挑战。

我无法解决你的工作量问题，但我可以告诉你：如果你正在准备演讲，并且感觉难度较大时，你一定要做好正确的准备。这必须是你待办事项中最重要的一项，而不是拖拖拉拉或是留到最后一分钟，因为你还有许多其他的事要做。

人们总是告诉我，如果好好准备，他们会表现得更好。演讲过程中出现的许多问题都与人们所做的准备息息相关。一些最基本的准备步骤对演讲成功来说至关重要，比如在正式演讲之前，你至少要大声彩排 3 次。若非如此，你的演讲就会充斥着犹豫、“嗯”“啊”的字眼和冗长的句子。听众会觉得你对所说的信息充满着不确定，好像你对于自己所讲的内容都不知所云。

我用了整整一章来阐述演讲的准备工作，希望你能明白准备工作的价值和必要性。你可以成为一名真正优秀的演讲者，但前提是你必须做好准备。

最大的问题

准备演讲需要花多长时间？

本书前面章节曾介绍了三种类型的演讲——日常演讲、正式演讲及主旨演讲。

根据话题、听众和演讲的时长，以上每种演讲都需要不同时长的准备工作。例如，如果你的演讲时长是40分钟的话，那么理论上就意味着你需要找出3×40分钟的时间来彩排，同样还需要找时间准备演讲内容。你可以参考如下指导意见，从而做到最大化地利用时间。

如果你有15分钟：
——问问自己听众想要什么；
——安排好演讲开篇，把所有信息归为三大主题；
——对前60秒进行排练。

如果你有30分钟：
——完成剖析听众的任务；
——设计演讲开篇引子，按照3×3结构完成内容；
——对前5分钟进行排练。

如果你有60分钟：
——完成所有的听众剖析环节；
——完成所有的结构表格；
——进行一次整场的排练。

如果你需要面对50名以上的听众（想想TED演讲）进行一场1小时的主旨演讲，那么我建议你从头开始准备，从准备演讲内容到进行排练，最佳时长为10小时。

最后我的忠告是：你要对手头的时间合理把握、充分利用，让自己有机会成为最优秀的演讲者。

第十章

精益求精

所有杰出的演说家都是从零开始的。

——拉尔夫·沃尔多·爱默生（Ralph Waldo Emerson）

成为出色的演讲者是一种能力。

本章将会为你提供一个长期行动计划，以使你的演讲有长足进步。想要提升演讲能力，你需要长期坚持以下 5 条措施：

- 反复练习，多次实战；
- 在每次演讲中切实践行听众中心型演讲方法；
- 列出任务清单并对照完成；
- 征求反馈意见；
- 制定更高的目标。

反复练习，多次实战

这听起来可能特别小儿科，但是要想成为一名杰出的演讲者，或者哪怕只想进步一点点，你需要做的第一件事就是去演讲。

的确如此，你要尽可能多地去实战：你可以站着讲、坐着讲，可以讲给两个人听或者把你的听众增加到 200 人；你可以每天、每周、每月都去讲，次数越多越好；无论在校内外、公司内外，只要有演讲的机会，你都要主动地站出来；你可以参加一个需要演讲的课程，或者加入诸如国际演讲会这样的演讲俱乐部。

演讲是一种能力，而掌握该能力的唯一办法就是不断地练习。而要想成为你期待的那种演说家，最好的方式就是演讲。

践行听众中心型演讲法

你不仅要尽可能多地练习，而且无论演讲重大与否，你都要遵循听众中心型三步法：

- 开始着手准备时先自问剖析听众的十大问题；
- 利用听众中心型演讲结构表中的组织信息；
- 设计视觉材料（如有必要）。

列出任务清单并对照完成

我不太喜欢坐飞机，其实，我很害怕坐飞机。这可算不上什么拿得出手的优点，所以几年前我就报了一个课程来克服这一恐惧。

我从中了解到作为主驾和副驾的飞行员在飞机起飞和降落前会对照清单来进行检查。哪怕有多年驾机经验的老飞行员也要逐次逐条地对照清单完成检查。为什么？这是因为任何细微的疏忽（极易发生）都会导致严重的后果——在驾机这件事上，就是生与死的差别。

清单检查主要是为了确保飞行员不会因为自负而有所疏忽。而一个自负的演讲者，势必会让听众产生不适。由此，本节将提供给你一个听众中心型演讲前的任务清单。你可以用它来进行演讲前的准备。我的建议是，在你完成所有任务之前，你不要着急开始演讲（见表 10-1）。

表 10-1　听众中心型演讲前的任务清单

内容筹备
○ 明确此次演讲想要达到的预期效果
○ 了解听众的背景信息
○ 确保演讲内容对听众而言没有太大的难度
○ 准备至多三个要点，并用多种形式进行论证
○ 表述清晰，言语易懂
○ 准备一个有趣且吸引人的开场
○ 准备的结尾能够巩固之前演讲中所提及的信息
○ 已有充分准备，应对听众的提问
○ 单独准备了文字材料及视觉辅助内容
演讲前准备
对于要讲的主题，知识储备充足、经验丰富、自信满满
检查场地，确保能提供所需的技术支持
确保自己会操作视觉辅助工具
事先计时预演了至少 3 遍
备好提词卡，内容简明清晰

续表

场地计划
场地内有放置笔记本电脑的地方
场地内有放置提词卡的地方
场地内有可用的电源插座
准备激光笔，可满足指明屏幕内容的需要
手边放置饮用水
确保在场地后排的听众也能看清幻灯片

征求反馈意见

你是否曾有过这样的经历，在演讲结束后询问听众的意见时，得到的是一些“还好”“我觉得不错”这样宽慰人的常规答复？或者更糟的情况是同事会给出批评意见，“我觉得你有点儿紧张”“你讲得太快了”“我不太喜欢你的一些手部动作”。获取真实且相关的反馈对于提升演讲能力来说至关重要。原因何在？因为你自己感知到的演讲状态和听众接收到的情况可能相去甚远。

征求反馈的重要性在于，它能够帮助你了解到，你的演讲会对听众产生什么样的影响。为了得到有效的反馈，你要让听众参照具体的标准进行评价。也就是说你需要准备合适的问题，这样你才能得到有效的反馈。

下面你将看到听众中心型演讲反馈表。你可以把它发给听众，让他们评价你在本场演讲中的表现。或者，你可以在演讲结束后，问听众一个简单的问题来获取反馈："你从这场演讲中收获了什么？"然后等着他们的回答。当然你不能给出任何提示（见表10–2）。

表 10–2　听众中心型演讲反馈表

演讲内容
演讲的开头非常吸睛
演讲的要点易于记忆
语言清晰，易于理解
演讲者用到了例子或故事
个人表现
演讲者的肢体语言得体
演讲者的情绪控制良好
演讲者与听众保持眼神交流，始终面向听众
声音效果
演讲者声音洪亮
演讲者情绪激昂
演讲者语速适中且吐字清晰
演讲风格
总体印象

续表

演讲具备可信度和影响力
演讲者能够合理应用幻灯片

制定更高的目标

如果你真的想在演讲上有所提高，就需要制订一个具体的年度行动计划，以便达到预期的目标。你可以考虑去参加相关的课程，获取更多的经验或者进行大量的阅读。你也可以试试 Prezi 软件，想办法从中获取更多的力量，从而更好地控制自己的紧张情绪。

如何做行动计划应该由你自己来决定。本书已经分享过如何成为一名出色的演讲者，你可以从中学习并用于指导实践。就从下面的行动计划表开始（见表 10–3），制订你的下一步行动计划吧！

表 10–3　听众中心型演讲的行动计划

未来一个月你要做的三件事：
1
2
3

续表

未来半年要做的三件事：
1
2
3
未来一年要做的三件事：
1
2
3

如果想要制订你的专属演讲行动计划，现在就可以着手去做了。但如果你不知道从何入手，我强烈推荐听众中心型演讲行动计划。

提升演讲能力

你其实总是在做演讲，只是你没意识到。每次你跟他人的面谈或者通话都算是演讲。想想看，只有站在众人面前使用视觉辅助工具来进行演讲这一条是你在日常生活中无法练习到的，其他的部分你在每天的工作中都可以练习。

明白了这一点之后，演讲的年度计划也就意味着，你可以每个月具体针对一项内容尽可能多地练习，然后付诸实践。

理想的情况是，每天你都要对该月主题内容进行一次练习（见表 10–4）。

表 10-4　12 个月练习计划

1 月	2 月	3 月
明确目标： 花上几秒想一想，你想从每天的交谈中达到什么目标。练习之后再问自己：我做到了吗？	**了解听众：** 用一分钟的时间站在听众的角度去思考问题。如果你是听众，会感觉如何？每天都利用听众信息剖析表去准备一个重要的会话	**理顺信息：** 利用演讲结构表，每天准备一个重要的会话，在开口之前厘清你要讲的信息
4 月	5 月	6 月
学会如何开场和结尾： 开场该讲些什么？如何结束一个话题？这两件事可不能顺其自然。每天准备一段开场白和结尾	**用举例和类比支撑观点：** 如何让普通的数据更易懂？如何吸引大家都参与到每周的员工例会中？举个例子会让你的观点更容易让人接受	**在演讲前先大声排练 3 遍：** 这一点很重要。例如，你想要额外一周的休假时间，在你走进老板办公室前，先自己找间屋子，大声说上 3 遍，厘清你的观点。这个办法会产生惊人的效果
7 月	8 月	9 月
合理的停顿： 控制好演讲的速度，并在日常的对话中有意识地加入更多的停顿	**紧张情绪的应对之策：** 什么会让你紧张？你紧张的时候会怎样？你要如何建立自信？与其担心和纠结这些问题，不如行动起来！每天花几分钟调整自己的呼吸	**准备好应对听众提出的问题：** 预想听众可能会提出哪些问题，以及他们对你给出的信息有什么反应

续表

10月	11月	12月
让听众感受到热情与活力： 我们与别人日常互动中很容易带有中立却略显冷漠的情绪。你要注意你讲话时的语气和口吻。尽量面带微笑，这样对方在与你面对面时自然可以看到，而且在通话的时候也能感受到你的友善和亲和力	**注意你的肢体语言：** 在日常生活中，当我们边说边用手比画时，很少会考虑自己是什么样子，或者这些动作代表的含义。请注意你的肢体语言。你该如何坐着，又如何站着？你在演讲时会带有一些手势吗？	**回顾之前训练的各种能力：** 在最后一个月，你需要检验过去 11 个月所学的内容。你觉得哪些能力对你来说很容易做到，而哪些又有些难度？哪些能力确实行之有效，而哪些又不太奏效？如果日常会话让你达到了预期的目标，这是因为偶然因素还是恰当的方法？

最后两项技巧贴士

人人为我，我为人人——小组演讲

大多数的读者都会参与到小组演讲中，而个体演讲的方法在小组演讲中同样适用。下面是应对小组演讲的一些技巧的分享（见表 10–5）。

表 10–5　小组演讲的应对技巧

1	这是“一场”演讲
小组演讲是由多名演讲者共同完成的一场演讲，而非几场不同演讲的叠加。所以这就要求各个演讲者都要精心准备、合理构架，并且秉承一致的标准完成这场演讲	
2	一致性是关键
小组演讲是否成功，诀窍在于保持一致性和流畅性。信息、结构和幻灯片都要保持一致性，乃至整个小组都需要凝聚为一个行动体。所用到的幻灯片要给人以一致的观感。在准备幻灯片之前，你就要决定好字体、标题和要用的图表	
3	推选一位组长
从你们的小组中推选出一位组长，而组长要负责定下基调、做演讲前的简要介绍、管控问答环节，必要的话需要向听众提问，解决演讲过程中可能出现的各种问题，最后为演讲做结语。你要选择的组长，一定要对这些职责充满自信并且能够胜任	
4	流畅的过渡
小组演讲很具挑战性的部分在于如何从一个演讲者过渡到下一个演讲者。每一个演讲者都需要清楚地知道如何承上启下。理想的情况是，在你总结完你的部分之后，示意听众下一位演讲者将会如何在你所讲内容的基础上更进一步。比如，“我所讲的是市场概况，下面玛丽将讲到我们如何在市场中为您赢得更多商机。”	
5	外部形象
你必须明白，不论是站是坐，你们要作为一个集体来行动。是否要用到遥控笔？是否要用到提词卡？是否要站在讲台上？该如何着装？小组成员最好都穿着得体的西装	

续表

6	时刻在线，全神贯注
在小组的演讲中，即使还不到你演讲的部分，听众也在注意着你。所以要注意你的肢体语言和站姿坐相。在别人发言时，不要懒懒散散，表现出不胜其烦或者不感兴趣的样子	
7	小组排练
整个小组都要一起排练，进而把内容细化：谁讲，讲什么，何时讲。并且要给你讲的部分计时，如果你的内容需要 5 分钟，那就只讲 5 分钟	
8	互相帮助
小组演讲一定是作为一个整体来接受别人的评判的，也就是团队里最薄弱的一环也就代表了你们的水平。团队里每个人都要发挥出自己的最好状态，而在答疑环节要让每个人都有机会发言献策	
9	有意识地调整呼吸
如果你是第二位或者第三位的演讲者，管控紧张情绪就是一项重大挑战。在你候场的时候，可以通过自然呼吸让自己冷静下来。不需要故意去加快或者放缓呼吸节奏。当你走神或紧张的时候，你可以将自己的注意力集中到调整呼吸上来。呼吸 10 次，如果你在此期间走神了就来一遍	
10	享受演讲！

桌边小贴士

表 10–6　五大演讲提示和五大演讲失误

五大演讲提示	
1	熟悉内容：给听众讲明白之前，你自己首先要把主要内容理解透彻
2	反复排练：出声演练你要讲的内容。你是要演讲而非写作，讲出来和写下来是完全不同的两件事
3	了解听众：听众都是谁？他们清楚你要讲的主题吗？他们对此有何观感？你希望自己的演讲能达到什么样的效果？
4	了解场地或设备：对每一样设备至少检查 3 遍
5	调整呼吸：在你演讲前应该把各项事宜准备完毕。然后放松，调整呼吸
五大演讲失误	
1	草草开头：你的开头要夺人眼球。你只有 45 秒的时间去吸引听众的注意力
2	照本宣科：一个合格的演讲者会用提词卡提醒自己不要跑题。糟糕的演讲者才会完全依靠 PPT，逐字逐句地读每一页幻灯片上的内容
3	准备不足：听众可以原谅你的小紧张，但不能接受准备不足的演讲者
4	跑题严重：你这场演讲的用意是什么？你想传达的重点又是什么？
5	毫无激情：如果你都对自己的演讲主题不感兴趣，又怎么能期待别人会有兴趣呢？

结　论

在商业化的今天，不论是否出于工作的需要，把信息展示给大众都是我们需要想方设法掌握的能力。

工程师不是摆弄摆弄机械和模型就可以了，会计师不是只搞搞数字就行了，律师也不是只和法律法规打交道就可以了。我们需要把信息展示给同事、给主管。我们需要融入社会，向客户、向社会群体、向各种机构推销自己、展示观点。

我们要了解如何让自己的演说更有影响力，这样信息的展示才会更为高效。

演讲者必须明白，如何把信息传递给听众，让他们更容易理解、记忆甚至是践行。这样你才能获得成功，也就是说掌握了演讲的能力。

即使你毕业于顶尖学府或拥有 25 年的工作经历，甚至身居高位，你也不一定专门学习过演讲。而现在，用听众中心型演讲三步法，你就完全可以掌握这项技能。当你起身发言时不要让自己失望。

没有天生出色的演讲者，伟大的演者都是后天打造的。

祝各位早日如愿以偿！

致 谢

首先，我要大力感谢培生集团的埃洛伊斯·库克（Eloise Cook）。您的支持、建议、指导和积极参与对我而言弥足珍贵，我有幸能与您一起完成第二版的《演讲之书》。

其次，我想要感谢整个培生团队，感谢大家的努力工作与配合。普里亚达什尼·达那戈帕尔（Priyad-harshini Dhanagopal）博士、梅拉妮·卡特（Melanie Carter）、萨拉·戴维斯（Sarah Davies）和杰西卡·霍利亨（Jessica Houlihan），是你们将这一切化繁为简。我能和诸位一起工作非常荣幸，谢谢你们！

接下来，我还要特别感谢本书所有图画的设计者帕特里夏·福克斯（Patricia Fox）。能与您合作是我梦寐以求的事情。

谢谢我亲爱的母亲，谢谢您一直做我的头号粉丝。谢谢迈克尔（Michael），我对你的爱无法用言语形容，谢谢你把我捧在手心。谢谢我的祖母尤娜

(Una)，您是我前行的动力，我为您感到骄傲。还有我的其他家人，谢谢你们的爱和鼓励。拥有你们，我觉得无比幸福。

最后，我要感谢与我朝夕相处的学员们，谢谢你们勇于站在公众面前并努力成为更好的演讲者。没有你们，就没有这本书。谢谢你们！